MARCO POOLO

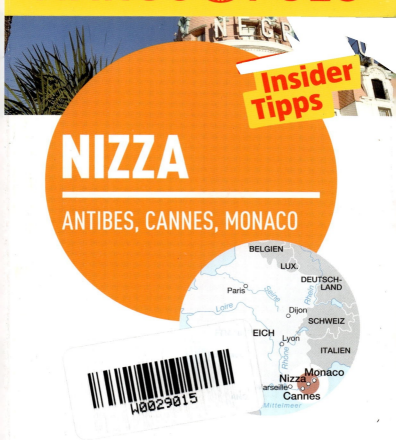

Insider Tipps

NIZZA

ANTIBES, CANNES, MONACO

MARCO POLO Autorin Jördis Kimpfler

Jördis Kimpfler lebt in Valbonne, im Hinterland von Cannes. Seit elf Jahren erkundet sie – erst mit Vespa, jetzt mit Familienvan – die Region. Durch ihre Arbeit im Reisejournalismus und in der Touristikbranche hat sie ein gutes Gespür für die schönen, versteckten Winkel der Stadt. Was sie an Nizza besonders mag: das Chagall-Museum, die Märkte und kleinen Restaurants und die Sonne im Winter.

www.marcopolo.de/nizza

← UMSCHLAG VORN:
DIE WICHTIGSTEN HIGHLIGHTS

Die besten Insider-Tipps → S. 4

INSIDER TIPP

Best of ... → S. 6

Sehenswertes → S. 26

Essen & Trinken → S. 52

4	**DIE BESTEN INSIDER-TIPPS**
6	**BEST OF ...**
	● TOLLE ORTE ZUM NULLTARIF S. 6
	● TYPISCH NIZZA S. 7
	● SCHÖN, AUCH WENN ES REGNET S. 8
	● ENTSPANNT ZURÜCKLEHNEN S. 9
10	**AUFTAKT**
16	**IM TREND**
18	**STICHWORTE**
24	**DER PERFEKTE TAG**
26	**SEHENSWERTES**
	ALTSTADT, NEUSTADT UM DIE PLACE MASSÉNA, UM HAFEN & MONT BORON, CIMIEZ, IN ANDEREN VIERTELN, ZIELE IN DER UMGEBUNG
52	**ESSEN & TRINKEN**
	SCHLEMMEN WIE GOTT IN NIZZA
62	**EINKAUFEN**
	VON ARMANI BIS ZITRONENCONFIT
70	**AM ABEND**
	CHAMPAGNER, COCKTAILS & JAZZ

SYMBOLE

INSIDER TIPP Insider-Tipp
★ Highlight
● ● ● ● Best of ...
☼ Schöne Aussicht
☺ Grün & fair: für ökologische oder faire Aspekte
(*) kostenpflichtige Telefonnummer

PREISKATEGORIEN HOTELS

€€€ über 120 Euro
€€   85–120 Euro
€   bis 85 Euro

Preise pro Nacht für zwei Personen im Doppelzimmer ohne Frühstück in der Hochsaison

PREISKATEGORIEN RESTAURANTS

€€€ über 35 Euro
€€   25–35 Euro
€   bis 25 Euro

Preise für ein Menü (Vor-, Haupt- und Nachspeise) ohne Getränk bzw. für ein Hauptgericht

INHALT

ÜBERNACHTEN BONNE NUIT	**78**
STADTSPAZIERGÄNGE	86
ANTIBES ZWISCHEN MEER UND SEEALPEN	**92**
CANNES STADT MIT VIELEN GESICHTERN	**100**
MONACO FELSEN FÜR MILLIONÄRE	**108**
MIT KINDERN UNTERWEGS	116
EVENTS, FESTE & MEHR	118
LINKS, BLOGS, APPS & MORE	120
PRAKTISCHE HINWEISE	122
SPRACHFÜHRER	128
CITYATLAS & STRASSENREGISTER	134
REGISTER & IMPRESSUM	150
BLOSS NICHT!	152

Einkaufen → S. 62

Am Abend → S. 70

Übernachten → S. 78

Cityatlas → S. 134

GUT ZU WISSEN
Kunst made in Nizza → S. 14
Grüne Stadt des Mittelmeers → S. 22
Entspannen & genießen → S. 43
Bücher & Filme → S. 48
Richtig fit! → S. 51
Gourmettempel → S. 56
Spezialitäten → S. 60
Fußballfieber → S. 75
Luxushotels → S. 82
Was kostet wie viel? → S. 125
Wetter → S. 126

KARTEN IM BAND
(136 A1) Seitenzahlen und Koordinaten verweisen auf den Cityatlas Nizza, Antibes, Cannes, Monaco und die Umgebungskarte S. 144/145

Es sind auch die Objekte mit Koordinaten versehen, die nicht im Cityatlas stehen

Ein Liniennetzplan der öffentlichen Verkehrsmittel findet sich im hinteren Umschlag

**UMSCHLAG HINTEN:
FALTKARTE ZUM
HERAUSNEHMEN →**

FALTKARTE
(📙* A1)* verweist auf die herausnehmbare Faltkarte

3

Die besten MARCO POLO Insider-Tipps

Von allen Insider-Tipps finden Sie hier die 15 besten

INSIDER TIPP **Nizza im Winter**
Milde 15 Grad, winterliche Sonne, schneebedeckte Seealpen, gelbe Mimosenblüte, Zitrusbäume, Straßencafés – der Winter hat seinen ganz besonderen Reiz → S. 26

INSIDER TIPP **Heile Welt**
Die Tagträume der naiven Künstler im *Musée International d'Art Naïf Anatole Jakovsky*. Ein kurzweiliger Ausflug in die naive Kunst vom 17. Jh. bis heute → S. 46

INSIDER TIPP **Ein Lokal im wahrsten Wortsinn**
Das italienische *Le Local* liegt nicht auf der typischen Sightseeing-Route. Umso schöner, unter Niçois, Geschäftsleuten und Samstagsbummlern bei Wein, Pasta oder Risotto zu sitzen! → S. 53

INSIDER TIPP **Kleinkunst à la française**
Musik, Chansons und auch Kabarett werden zur Aufführung gebracht im *Théâtre de l'Impasse* in der Altstadt von Nizza → S. 77

INSIDER TIPP **Ort der Erinnerung**
Engelsstatuen recken sich neben Pinien in den blauen Himmel. Monumentale Grabmäler liegen auf dem terrassenförmig angelegten *katholischen Friedhof* auf dem Schlossberg → S. 90

INSIDER TIPP **Buntes Kinderparadies**
Chez Tom et Léa ist eine Fundgrube für das perfekte Kindermitbringsel – und für jeden Geldbeutel. Über die bunten Haarspangen freut sich jedes kleine Mädchen → S. 67

INSIDER TIPP **Backe, backe Cookies**
Emilie backt, und alle sind begeistert vom Kaffeeduft und den Riesenkeksen in *Emilie's Cookies & Coffee Shop* (Foto re.) → S. 55

INSIDER TIPP **Ein Stück Japan am Mittelmeer**
Weg vom Gedrängel im ruhigen, grünen *Jardin Japonais* von Monaco. Der Shinto-Garten ist ein Naturkunstwerk aus Wasser, Stein und Pflanzen → S. 111

INSIDER TIPP Urlaub vom Urlaub
Für die Auszeit vom Urlaubstrubel setzt man sich an der Plage Lido auf einen Liegestuhl, schaut aufs Meer und nimmt die richtige Lektüre zur Hand: zum Beispiel „Nizza – mon amour" von Fritz J. Raddatz → S. 89

INSIDER TIPP Natur aus der Flasche
Am besten ist's, wenn's natürlich ist: Wein, Honig, Öl und vieles mehr aus natürlichem Anbau gibt es im Bioladen und -bistro *O' Quotidien* → S. 65

INSIDER TIPP Nizza anders verpackt
Alles andere als trocken sind Stadttouren per Rad, eine Food oder Wine Tasting Tour. Kleine Gruppen, hoch motivierte Guides und viel Spaß garantiert! → S. 126

INSIDER TIPP Rollen statt flanieren
Wenn die ganze Familie auf Inlineskates über die Promenade rollt, wird's lustig. Zu leihen gibt's den rollenden Untersatz direkt an der Promenade → S. 116

INSIDER TIPP Refugium in der Altstadt
Blick auf die Place Masséna, die Altstadt vor der Tür, die Promenade zehn Gehminuten entfernt – im *Hôtel de la Mer* wohnen Sie in (größtenteils) toprenovierten Zimmern unter neuer, familiärer Leitung. Noch ein Geheimtipp ... → S. 81

INSIDER TIPP À votre santé et bon appétit!
Gemütlich wie beim Winzer zu Hause ist's im Weinbistro *La Part des Anges*: in anregender Atmosphäre inmitten von Weinflaschen und -kartons einen guten Tropfen genießen → S. 54

INSIDER TIPP Zwischen Himmel und Meer
Ein Spaziergang auf dem „Schmugglerpfad" *Le Chemin des Contrebandiers* ums Cap d'Antibes gehört zu den schönsten Wanderungen an der Küste, umgeben von Felsen, Himmel und Meer, so weit das Auge reicht (Foto li.) → S. 94

BEST OF ...

TOLLE ORTE ZUM NULLTARIF
Neues entdecken und den Geldbeutel schonen

SPAREN

● *Besuch bei Matisse*
Hier gibt es gleich zwei Dinge zum Nulltarif: Werke von Henri Matisse und Schätze aus seiner Sammlung im *Musée Matisse,* dazu eine grandiose Aussicht über Nizza → **S. 43**

● *Jazz bei Shapko*
Mitten in der Altstadt liegt die Jazzbar von *Dimitri Shapko.* Von Mittwoch bis Sonntag verwöhnt er seine Gäste mit bestem Jazz und Soul – live und umsonst! → **S. 74**

● *Sonne, Sand und Strand*
15 Gehminuten von der Altstadt, und schon kann man sein Handtuch an der *Plage de la Salis,* dem Stadtstrand von Antibes, ausrollen. Die Promenade im Rücken, den Sand unter den Füßen und das Meer vor der Nase. Relaxen pur zum Nulltarif → **S. 98**

● *Museen-Hopping*
Wer Spaß an Museen hat, freut sich über dieses Angebot: Alle städtischen Museen bieten freien Eintritt. Dazu gehören u. a. das *MAMAC* und das *Archäologische Museum* in Cimiez → **S. 34, 42**

● *Von der Olive zum Öl*
In der Rue Saint-François de Paule betreibt Familie Alziari ihren *Laden* mit Olivenspezialitäten; abseits vom Zentrum liegt ihre *Olivenmühle,* in der sie zeigt, wie aus einer Olive Olivenöl wird. Dazu gibt es eine ebenfalls kostenlose Olivenöldegustation (Foto) → **S. 49**

● *Rock im Bulldog*
Egal an welchem Wochentag – im *Bulldog Pub* wird live aufgespielt. Zu Bier und Cocktails gibt es Rock umsonst bis spät in die Nacht → **S. 76**

● *Bei den Franziskanern Nizzas*
Die Franziskanermönche haben sich einst im heutigen Cimiez niedergelassen. *Kirche, Museum* und *Gärten* sind ohne Eintritt zu besuchen und bieten dazu einen herrlichen Blick über Nizza → **S. 42, 43**

●●●●● Diese Punkte zeichnen in den folgenden Kapiteln die Best-of-Hinweise aus

TYPISCH NIZZA
Das erleben Sie nur hier

● *Küche à la niçoise*
Die Nizzaer Küche eignet sich bestens für einen Mittagssnack: Socca in der Altstadt, Gnocchi oder Mangoldtaschen *(tourte de blettes)* in der *Cantine de Lulu* oder ein Salade Niçoise in der *Brasserie La Nation* → S. 61

● *Kräuterduft*
In Antibes führt kein Weg am *Marché Provençal* vorbei. Neben frischem Obst und Gemüse gibt es Kräuter, Honig, getrocknete Tomaten *(tomates sechées)*, Seifen und alles, was nach Süden duftet → S. 97

● *Muscheln & Garnelen*
In Nizza gibt es einige Spezialisten für Meeresfrüchte. Das *Café de Turin* ist der bekannteste unter ihnen. Hier kommen die Muschelknacker und Garnelenpuler unter den Gourmets voll auf ihre Kosten → S. 58

● *Über den Dächern von Nizza*
Ein Muss ist der Blick über die roten Dächer und die kilometerlange Bucht. Ganz umsonst gibt es den allerdings nicht. Ein kleiner Aufstieg auf den Schlossberg zur *Friedrich-Nietzsche-Terrasse,* und da ist er: der schönste Blick auf Nizza → S. 90

● *Karneval & Blumenschlacht*
Meterhohe Pappmaché-Figuren ziehen im Februar durch Nizzas Straßen, und bei der legendären *Blumenschlacht* auf der Promenade des Anglais fliegen Blumen von den blütenübersäten Festwagen → S. 21

● *Feuerwerk & Festival*
Eine Institution an den Stränden von Monaco bis Cannes sind die sommerlichen Feuerwerke. Kaum eine Woche, in der der Himmel nicht in bunten Farben erstrahlt. Absoluter Höhepunkt ist das *Feuerwerkfestival* von Cannes. Feuerwerkskunst mit Musik unterlegt und ein lauer Abend am Strand – typisch südfranzösischer Sommer! → S. 119

● *Strände von Sand bis Stein*
Überall herrscht im Sommer an den Stränden Hochbetrieb, im Winter Beschaulichkeit: in Nizza am Kieselstrand entlang der Promenade, in Antibes am Sandstrand mit Blick auf die Seealpen, besonders aufregend in Cannes zwischen den Liegen der Nobelhotels (Foto) → S. 105

BEST OF ...

SCHÖN, AUCH WENN ES REGNET
Aktivitäten, die Laune machen

● *Bunte, süße Verführung*

In der *Confiserie Florian* landen die Früchte Südfrankreichs in Bonbons und Marmeladengläsern oder werden auch einfach nur kandiert. In der Werkstatt am Quai Papacino können Besucher zuschauen, wie das geht → S. 116

● *Galerien Tür an Tür*

Zum Galerien-Hopping an Regentagen ist die *Rue Droite* perfekt. Hier reiht sich eine Galerie an die andere. Dann noch ein *déjeuner* im *Restaurant du Gesu* um die Ecke, und der Tag ist gerettet → S. 32, 61

● *„Das tägliche Brot"*

Bei Regen braucht man ein gemütliches Café, in dem man sich von Frühstück zu Kaffee und Kuchen hangelt. Im *Le Pain Quotidien* ist das möglich. Dazu der Blick durch die großen Fenster, denn irgendwann muss die Sonne ja wiederkommen → S. 55

● *Kochen auf Französisch*

Eine Abwechslung beim touristischen Sightseeing bieten die Kochkurse von Aude Bertaux. In ihrem kleinen Atelier *Cuisine sur Cours* möchte die Chefköchin ihre Kursteilnehmer an einem Vormittag fürs Kochen und Genießen begeistern. Und das gelingt ihr! → S. 124

● *Fotos schauen statt schießen*

Auch eine Art, Nizza zu besichtigen: überdacht! Im *Théâtre de la Photographie et de l'Image* gibt es neben Fotos von Nizza wechselnde Ausstellungen internationaler Fotografen → S. 36

● *Welt der Meere*

Imposant von außen und von innen ist das *Ozeanografische Museum* in Monaco. Mit seiner beachtlichen meereskundlichen Ausstellung und den heute über 90 Aquarien setzte der seefahrende Fürst Albert I. sich und den Meeren dieser Welt ein Denkmal (Foto) → S. 111, 117

REGEN

● *Blaue Stühle, blaues Meer*
Entspannt lehnen sich Einheimische wie Touristen in den blauen Stühlen auf der *Promenade des Anglais* zurück. Die Zeitung in der Hand den Blick über die Bucht schweifen lassen, Yachten beobachten und startende Flugzeuge – und träumen → S. 43

● *Sightseeing per Fahrradtaxi*
Man muss sich ja nicht immer die Füße wund laufen: Warum sich nicht einmal bequem zurücklehnen und mit dem Fahrrad zu den Sehenswürdigkeiten Nizzas fahren lassen? (Foto) → S. 126

● *Kulinarisch entspannen*
Katzen gibt es nicht im *Chat Noir Chat Blanc*. Dafür zwei exzellente Köche und eine kleine, ausgewählte Karte mit drei Vor- und drei Hauptspeisen, köstlichen Desserts und Weinen. Das alles in einem urgemütlichen Restaurant. Lassen Sie sich verwöhnen! → S. 58

● *Open-Air-Jazz*
Im Juli klingt Nizzas Innenstadt. Hochrangige Jazz-, Soul- und Funkmusiker geben sich beim *Nice Jazz Festival* im Jardin Albert 1er ein Stelldichein. Die Konzerte unter Palmen sind ein Genuss → S. 119

● *Luxusliegen*
Für einen Relax-Tag sind die Liegen der Privatstrände wie geschaffen. Der Sonnenschirm sorgt für Schatten, der Kellner für Getränke und Snacks und das Meer für Abkühlung. In Nizza sind *Castel Beach* und *Ruhl Plage* besonders schön → S. 43

● *Bootsfahrt*
Genug vom städtischen Trubel? Lassen Sie sich über die Wellen schaukeln auf einer kleinen Küstenfahrt oder zum Sightseeing nach Monaco oder Saint-Tropez! → S. 123

● *Wellnessprofis*
Wer sich in professionelle Hände begeben möchte, ist z. B. in der Wellnessoase des *Hi Hôtels* an der richtigen Adresse → S. 80

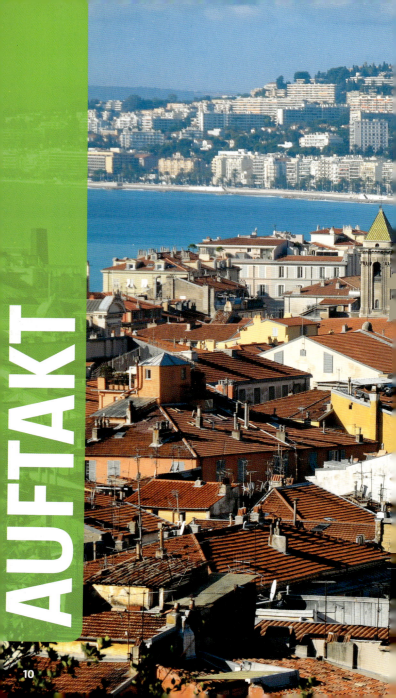

ENTDECKEN SIE NIZZA!

Nizza ist bunt wie ein Regenbogen: blau die Bucht, rot die Dächer, ockergelb die Häuser und bunt die Märkte. Das mediterrane Licht lässt die Farben intensiver leuchten als anderswo. Und das an über 300 Sonnentagen im Jahr. Es riecht nach Salzwasser und Meeresluft. Die Tage verfliegen. Morgens ein Marktbesuch auf dem Cours Saleya, einem der schönsten Märkte der Côte d'Azur; auf der Strandliege dem Geräusch der Wellen lauschen, sich von den Farben Chagalls und dem Blau Yves Kleins betören lassen und abends in das Nachtleben eintauchen. Natürlich erst nach südfranzösischen Gaumenfreuden in einem der zahlreichen Restaurants. Das muss sein im Land der Haute Cuisine! Lassen Sie sich treiben durch das lebendige Nizza – langweilig wird es nie!

Lange galten Nizza (Nice) und die Côte d'Azur ausschließlich als Glamour-Metropole und Ruheständler-Paradies. Heute ist Nizza weltoffen, jung und dynamisch. Rund 380 000 Ew. leben hier; fünfzig Prozent davon sind unter vierzig. Das Leben in der Stadt ist ein buntes Gemisch aus gemütlich flanierenden Genießern und munteren

Bild: Nizza, Blick über die Dächer der Altstadt

Inlineskatern. Ebenso kontrastreich ist das Angebot, mit dem Nizza Sie überraschen wird: Restaurants im traditionell provenzalischen Stil neben modern experimenteller Küche; Museen mit Werken aus vergangenen Epochen neben junger, innovativer Kunst; schicke Strandbars neben öffentlichen Stränden mit bunt gestreiften Sonnenschirmen und Beachvolleyballern.

Die Blütenpracht ist einfach umwerfend

Die Berge ragen direkt hinter Nizza felsigbegrünt, im Winter schneebedeckt in den Himmel; vor der Küste leuchtet in hellem Türkis das Meer. Nizza liegt in einer Region, die von der Natur großzügig bedacht ist. Unschlagbar ist das Klima im südöstlichsten Zipfel Frankreichs: Rundherum durch Hügel und Berge vor den Winden wie dem Mistral geschützt, wird Nizza mit milden Wintern und einer Durchschnittstemperatur von 10 Grad verwöhnt. Im Sommer dagegen bleibt es von glutheißen Monaten verschont und kann dank der frischen Meeresbrise durchatmen. Dabei ist die Blütenpracht einfach umwerfend: Mimosen, Orangen und Zitronen im Winter; Oleander, üppige, pinkfarbene Bougainvilleen und Lavendel im Sommer – in Nizza blüht es immer!

Perfekte Voraussetzungen, um von Januar bis Dezember zu wandern, Sport zu treiben und auf Entdeckungstour zu gehen. Das Angebot ist voller Abwechslung. Tauchen Sie in die Grotten vor der Küste, folgen Sie den Spuren der erst 1992 im Parc du Mercantour wieder angesiedelten Wölfe, blicken Sie am Klettersteig Via Ferrata oberhalb des Dorfes Peille von Hängebrücken aus in die Tiefe, oder besuchen Sie eines der unge-

Marktplatz in jeder Beziehung: der zu jeder Jahreszeit lebhafte Cours Saleya

AUFTAKT

zählten Dörfer der Umgebung, in denen die Zeit zum Teil stillzustehen scheint – möglich ist (fast) alles. Das Freizeitangebot in und um Nizza ist riesig.

Dazu befindet sich Nizza in bester Gesellschaft. Monaco, Antibes und Cannes sind in weniger als 30 Minuten zu erreichen. So dicht die wichtigsten Städte der Côte d'Azur beisammen liegen, so unterschiedlich sind sie in ihrem Charakter. Monaco versprüht Glamour, Reichtum und besticht neben Fürstenpalast und Spielkasino durch Bausünden, die in den Himmel ragen; Antibes' idyllische Altstadtgassen liegen festungsähnlich umgeben von der alten Stadtmauer, und es riecht nach Südfrankreich; Cannes versprüht mit Palmen, Promenade und imposanten Hotelfassaden Festspielflair. Kurz: Bei einem Urlaub an der Côte d'Azur sind sie alle einen Besuch wert!

Auch wirtschaftlich ist die Region von Bedeutung: Sie lebt in erster Linie vom Tourismus, aber das ist nicht alles. Als Univer-

Sophia Antipolis ist das Silicon Valley Frankreichs

sitäts- und Kongressstadt zieht Nizza Besucher aus der ganzen Welt an und ist mit dem angesehenen Tagungszentrum Acropolis nach Paris die bedeutendste Kongressstadt Frankreichs. Und wenn abends die Studenten – 26 000 gibt es von ihnen – die Altstadtgassen und Bars beleben, sind Sie mittendrin im fröhlichen Treiben. Mit dem Technologiepark Sophia Antipolis, 20 km von Nizza entfernt, ist die Informationstechnologie Hauptwirtschaftszweig des Départements. Mit über 1400 Unternehmen und 30 000 Arbeitsplätzen gilt Sophia Antipolis als das Silicon Valley Frankreichs.

Deshalb ist es auch nicht verwunderlich, dass Nizza über den zweitgrößten Flughafen Frankreichs verfügt. Er liegt nur zehn Minuten vom Stadtzentrum entfernt und bietet über 80 internationale Verbindungen in 35 Länder. So sind Sie nach Ihrer Ankunft ohne lange Bus- oder Taxifahrten schnell in der Stadt, und das Erlebnis Nizza kann beginnen.

Zurück zu den Anfängen: Die Geschichte der Stadt beginnt vor 400 000 Jahren. Aus dieser Zeit stammen die Überreste der Grotten von Terra Amata. Im 4. Jh. v. Chr. kamen die Griechen und legten am Fuß des Colline du Château ihren Handelsstützpunkt Nikaïa an. Drei Jahrhunderte später gründeten die Römer in den Hügeln ihre Siedlung Cemenelum, dort, wo heute das Stadtviertel Cimiez liegt. Die Römersiedlung wurde neun Jahrhunderte später zugunsten von Nikaïa aufgegeben. Es folgten wechselhafte Zeiten: Erst den Ostgoten, dann dem Frankenreich unterstellt, litt die Stadt unter den Sarazeneneinfällen. Im 10. Jh. übernahmen die Grafen der Provence die Führung der Stadt. Ab dem 14. Jh. war Nizza im Besitz von Savoyen und blieb es, mit wenigen Unterbrechungen, nahezu fünf Jahrhunderte lang. Einschneidendstes Datum in Nizzas Geschichte ist das Jahr 1860. Per Volksabstimmung wurde die Angliederung Nizzas an Frankreich beschlossen. Die Stadt erlebte daraufhin einen wirtschaftlichen Aufschwung. Die Infrastruktur wurde ausgebaut. Der Straßen- und Wohnungsbau florierte, die Stadt bekam Anschluss an das Eisenbahnnetz, der Tourismus nahm seinen Anfang.

Nizzas Wahrzeichen: die Promenade des Anglais

Die ersten, die kamen und sich in die Côte d'Azur verliebten, waren Engländer und Russen auf der Flucht vor den kalten Wintermonaten. Mit ihnen kamen Geld und Adel in die Stadt: Paläste, Kirchen, Promenaden – die Gäste aus dem Norden verwandelten das kleine Hafenstädtchen in eine mondäne Stadt, berühmt über die Grenzen Frankreichs hinaus. Russische Adelsfamilien und wohlhabende Geschäftsleute verewigten sich durch den Bau herrschaftlicher Residenzen. Seite an Seite stehen sie heute mit barocken Bauwerken und Palästen im Belle-Époque- und Art-déco-Stil. Bedenkt man, dass Nizza im Jahr 1860 kaum mehr als 40 000 Ew. zählte, ist es umso erstaunlicher, welcher architektonische Reichtum im 19. Jh. hier entstanden ist. Vor dieser Kulisse ist ein Spaziergang durch Nizza ein Flanieren vorbei an Villen und Palästen, vor denen sich die Palmen in den Himmel strecken und in deren Fenstern sich das Blau des Meeres spiegelt.

Apropos flanieren: Die Promenade des Anglais ist, wie der Name schon verrät, den Engländern zu verdanken. Es war die Idee des Engländers Lewis Way, den schmalen Kieselweg in einen befestigten Gehweg umzubauen. Und so war die Promenade seit

KUNST MADE IN NIZZA

In Nizza ist schon so manches Kunstwerk entstanden. Es begann mit der Kirchenmalerei der Brüder Bréa, die im 15. Jh. die *Schule von Nizza* gründeten. Ende des 19. Jhs. wirkten im Süden Frankreichs die *Impressionisten* Paul Cézanne, Berthe Morisot, Claude Monet und Jean Renoir. Den Höhepunkt künstlerischen Schaffens erreichte Nizza im 20. Jh. Henri Matisse und Raoul Dufy ließen sich in Nizza nieder und prägten mit extremen Farbkontrasten den *Fauvismus*.

Nach dem Zweiten Weltkrieg kamen Marc Chagall und Pablo Picasso. Es folgte der *Neue Realismus*. In den 60er-Jahren avancierte Nizza zu Europas Mekka der avantgardistischen Kunst. Rund um Yves Klein entstand eine Szene der *Happening- und Objektkunst*. Die Kunstszene ist bis heute lebendig, denn Nizza sieht sich als Kunstmetropole und ruht sich nicht auf vergangenem Ruhm aus. Beispiel dafür sind die vielen Galerien und immer wieder neue Ateliers.

AUFTAKT

Mitte des 19. Jhs. ein Ort des Sehens und Gesehenwerdens: Lords und Ladies, Künstler, Kurtisanen und gekrönte Häupter wie Zar Alexander II. und Napoleon III., Königin Victoria und das kaiserliche Paar Franz-Josef und Elisabeth spazierten die weltberühmte Uferpromenade entlang. Ein Who's who bis heute, denn ab 1920 kamen dann Kino- und Chansonstars hinzu. Die „Prom": das Wahrzeichen Nizzas. Dabei muss al-

Weltberühmter Boulevard mit Mittelmeerstrand: die Promenade des Anglais

lerdings auch erwähnt werden, dass es nicht nur Fußgänger sind, die die Straße der Engländer bevölkern: Auf den sechs Fahrspuren drängt sich von morgens bis abends dichter Autoverkehr die Küstenstraße entlang. Doch das Leben spielt sich nicht ausschließlich auf der Promenade ab: Ob in der Altstadt, in den Straßen rund um die Place Masséna und die Avenue Jean Médecin oder im alten Hafenviertel, das gerade dabei ist, sich in ein „In-Viertel" zu verwandeln – Nizza steht selten still.

Nicht nur beim Blick aufs Meer von einem der blauen Stühle auf der Promenade aus kommen mediterrane Gefühle auf. In einem der Kellertheater französischen Chansons zu lauschen, hat mindestens den gleichen Effekt. Oder aber Sie besuchen eine der vielen Jazzkneipen: denn auch der Jazz hat in Nizza Tradition. Das erste internationale Jazzfestival fand 1948 statt. Mit dabei waren Louis Armstrong, Django Reinhardt und Stéphane Grappelli. Ein gutes Omen, denn bis heute prägt der Jazz die Musikszene der gesamten Region. Neue Gruppen entstehen, es wird experimentiert, überall wird gejazzt. Besonders stolz ist Nizza auch auf seine 19 Museen und Galerien, auf seine 32 historischen Denkmäler und 300 ha Parks, Gärten und Grünflächen. In den Kunstmuseen erwarten Sie Werke aus dem 20. Jh. Henri Matisse' und Marc Chagalls Fantasien in Blau, Gelb, Grün; Bens unverkennbare Schreibschrift; die Farben der naiven Künstler. Bunt wie ein Regenbogen eben – entdecken Sie die Farben Nizzas!

IM TREND

1 Nicht nur Tee

Drink mit Beilage   In den Teesalons Nizzas werden nicht nur Earl Grey und Petit Fours angeboten. Die Lokale warten mit einem abwechslungsreichen Zusatzangebot auf. Bei *A L'Étage (4, Av. de Verdun | www.a-letage.fr)* gibt es wechselnde zeitgenössische Kunstwerke und Shiatsu-Massagen zum Gebäck. Auch das *Nocy-Bé (6, Rue Jules Gilly)* beschränkt sich nicht allein auf Futter für den Körper, der Geist ist hier dank wechselnder Kunstausstellungen ebenso gefordert.

Let's Zumba

2

Im Takt   Bei diesem Tanz-Workout fließt der Schweiß wirklich mit Freuden. Zumba kombiniert heiße Latino-Rythmen mit schnellen Schritten. Selbst die Lachmuskeln werden bei den oftmals übertriebenen Posen geformt. Das Spaß-Training gibt es in Nizza bei der *Musical Danse Company (18, Chemin Sorgentino | www.musicaldansecompany.com)*. Eine ausgezeichnete Anlaufstelle ist auch *Sandy Lévèque (www.sandyleveque.zumba.com)*, die ebenfalls Zumba-Kurse in Nizza gibt.

Hotel Mutter Natur

3

Im Grünen   Ein Traum aus Kindheitstagen wird im Baumhaushotel *Orion (2436, Chemin du Malvan | Saint-Paul-de-Vence | www.orionbb.com) (Foto)* wahr. Wenn Sie das morgendliche Vogelgezwitscher nicht sanft weckt, dann tut es das Bad im Bio-Schwimmteich. Selbst im Winter können Sie hier übernachten, dann geht es statt in den Pool eben in die Öko-Sauna. Preisgünstiger ist die Übernachtung in der *Villa Saint-Exupéry Gardens (22, Av. Gravier | Nizza | www.vsaint.com)* – auf Natur muss deswegen aber niemand verzichten. Eine 130 m lange lebende Moosmauer umwächst das Hostel.

In Nizza gibt es viel Neues zu entdecken. Das Spannendste auf dieser Seite

Stadt der Zukunft

4

Im Ökotal Westlich von Nizza, im Tal des Var, wird das Projekt *Eco Vallée Plaine du Var (www.ecovallee-plaineduvar.com)* immer mehr zum Vorzeigeobjekt für grünes Wohnen und Arbeiten – dafür hat es das Prädikat „EcoCité" der französischen Regierung erhalten. Kein Wunder, denn Planung und Konstruktion unterliegen strengen Auflagen wie der Nutzung erneuerbarer Energien oder der Bereitstellung grüner Verkehrsmittel. Das Ziel: eine ausgeglichene CO_2-Bilanz. So wird die benötigte Energie für die Bürokomplexe und Wohnungen ausschließlich durch Solarfelder produziert *(www.nice.fr) (Foto)*. Das erste Gebäude des Vorreiter-Projekts *Nice Meridia* in der Nähe des Flughafens steht schon, und die Sonnenkollektoren auf dem Dach von *Nice Premium*, so heißt das von *Reichen & Robert (www.reichen-robert.fr)* geplante Büro- und Dienstleistungsgebäude, produzieren bereits Strom.

Veggie goes Style

5

Ökochic Dass gesund und stylish keine Widersprüche sind, beweisen die Veggieküchen in Nizza und Antibes. Das moderne *Le Frog Restaurant (3, Rue Milton Robbins | Nizza) (Foto)* verwöhnt Feinschmecker mit ausgefallenen Kreationen wie Ratatouille-Fettuccine an Minz-Basilikum-Pesto. Lässiges Flohmarktambiente und vegetarische Gerichte aus rein biologischem Anbau erwarten Sie bei *Chez Helen (35, Rue des Revennes | www.chezhelen.fr)* in Antibes. Im *Café Marché (2, Rue Barillerie | Nizza | www.cafe-marche.fr)* ist der Name Programm. Hier kommen nur frischeste Marktfundstücke auf den Tisch – immer auch in einer vegetarischen und veganen Variante.

STICHWORTE

ART DANS LA VILLE
Sieben sitzende Statuen thronen auf hohen Stelen über der Place Masséna. Abends leuchten sie, wechseln sanft die Farbe – von türkis über pink bis gelb. Sie stehen für die sieben Kontinente; die wechselnden Farben drücken den Dialog zwischen den Kulturen aus. Das Kunstwerk „Conversation à Nice" des Spaniers Jaume Plensa ist nur eins von 14 Werken internationaler Künstler, die anlässlich der Straßenbahneinweihung im November 2007 in Nizza installiert wurden. 20 m große Riesenpalmen von Jacques Vieille an der Station Pont Michel, die in Blau gehüllte Brücke am Gare Thiers von Gunda Förster, an der Station Las Planas die Glaszylinder mit der Botschaft „Ich lebe vom Wasser – es fließt" von Emmanuel Saulnier. Entstanden ist ein riesiges Freilichtmuseum entlang der Linie T1. Bei dem Projekt handelt es sich um den größten Kunstauftrag, den eine französische Stadt je erteilt hat. *Führungen Fr 18.45 Uhr | Anmeldung im Office de Tourisme*

BELLET
Einer der kleinsten und ältesten Weinberge Frankreichs befindet sich nahezu im Herzen Nizzas, 15 Minuten von der Baie des Anges entfernt. Die Qualitätsweine „Appellation d'Origine Contrôlée" von Bellet, eine der ältesten kontrollierten Herkunftsbezeichnungen Frankreichs (1941), sind am linken Ufer des Var angesiedelt. Etwa 40 ha Land teilen sich die 15 Weingüter rund um

18 Bild: Skulptur von Niki de Saint Phalle vor dem MAMAC

Über Kunst, Küche und Karneval: Charakteristisches und Kurioses aus einer südfranzösischen Metropole

das Schloss von Bellet. Von der Sonne gesättigt, bringen die Trauben fruchtbetonte Weine hervor. Aufgrund der geringen Produktionsmenge von nur 1200–1500 hl pro Jahr kommt der Wein nur in Nizza und Umgebung in Restaurants und Handel. Degustationen sind in verschiedenen Weingütern möglich.

BERGDÖRFER

Wie Perlen thronen sie auf den Hügeln im Hinterland: Peille, Peillon, Utelle, L'Escarène, Falicon, Colomars oder Tourette-Levens — etwa zwanzig dieser idyllischen Dörfer sind rings um Nizza zu bewundern. Die sogenannten *villages perchés* wurden zum Schutz gegen Räuber und Gesindel angelegt. Und heute? Sind sie ein ideales Ausflugsziel. Bummeln Sie durch die schmalen Gassen und über die Märkte, um die lokalen Spezialitäten – Olivenöl, Honig, Schafskäse – zu kosten. Entdecken Sie die Werkstätten und Ateliers der Handwerker und Künstler oder die Schätze, die in einigen Kirchen bewahrt sind. Und dazu

19

gibt es die wunderbaren Ausblicke auf die Landschaft rings um die Dörfer. Am spektakulärsten ist der Blick vom Klettersteig ◃ Via Ferrata in Peille. *Info: Bar L'Absinthe (6 Rue Félix Faure | Peille | www.peille.free.fr).*

B LAUE RÄDER

Nizza investiert in Fahrräder, Fahrradwege und die Umwelt. Die blauen Räder von *vélobleu* sind im Stadtbild allgegenwärtig. Alle 300 m gibt es eine Station, an der man leicht ein Fahrrad ausleihen kann, um es an einer anderen Stelle wieder abzuliefern. Interessant auch für eine Sightseeingtour per Rad! Parallel dazu musste die Stadt in den vergangenen Jahren das Netz der Fahrradwege ausbauen. Und das ist ihr gelungen: Von 29 km im Jahr 2009 sind es inzwischen schon über 205 km Strecke, die für Radler reserviert sind.

C AILLETIER

Man findet sie neben dem Pastis zum Aperitif, in Tapenaden oder im Salade Niçoise: die Cailletier-Olive, auch Nizza-Olive genannt. Die Olivensorte Cailletier wird hauptsächlich in der Region Alpes-Maritimes in der Gegend von Nizza angebaut. Sie ist klein, rötlich-braun und würzig. Von besonderer Qualität ist das Olivenöl, das aus ihr gewonnen wird. Im Jahr 2001 wurden die Olive, das Öl und die Olivenpaste unter dem Namen „Olive von Nizza" in einer AOC-Zertifizierung zusammengefasst – ein Erfolg für die 2000 Olivenölbetriebe in den französischen Seealpen.

C UISINE NISSARDE

Die Marke „Cuisine Nissarde" wurde vom Verband der Verkehrsämter geschaffen, um Restaurants zu kennzeichnen, die zur Erhaltung der traditionellen Nizzaer Küche beitragen. Wenn das bunte Schild mit diesem Schriftzug und dem Bild einer Frau in der Tracht Nizzas im Fenster eines Lokals hängt, kocht der Koch lokale Spezialitäten. Dabei handelt es sich weniger um die französische Haute Cuisine als vielmehr um eine herzhafte mediterrane Küche, basierend auf alten, überlieferten Rezepten.

F RISCHE BRISE

Erstaunt bemerken Besucher in Nizzas Altstadt, dass die Luft immer kühl ist. Und das selbst bei der größten Hitze. Die Konstruktion der Straßen und Gebäude in und um die Altstadt wirkt wie eine natürliche Klimaanlage. Wie durch einen Kamin wird die warme Luft über der Stadt abgesaugt und frische, kühle Luft über drei Landschaftsbereiche angesaugt: das Meer, den Fluss Paillon und der waldbewachsene Colline du Château. Eine Luftselbstregulierung – ganz alt und doch hochmodern, ökologisch und ökonomisch!

I TALIEN

Manchmal ertappt man sich bei seinem Stadtspaziergang dabei, an Italien zu denken. Italienische Namen sind im Stadtbild allgegenwärtig, auf den Tellern finden sich kulinarische Spezialitäten wie Ravioli und Gnocchi, und auf der Place Masséna hat der Betrachter das Gefühl, auf einer italienischen Piazza zu stehen. Das liegt zum einen daran, dass die italienische Grenze nur wenige Kilometer entfernt ist. Zum anderen aber daran, dass Nizza eine besonders junge Französin ist: Erst 1860 entschieden sich die Bewohner Nizzas per Volksabstimmung, dass die Stadt Frankreich zugesprochen wird. Vorher fungierte der Geburtsort von Giuseppe Garibaldi (1807–82), dem Kämpfer für Italiens Einheit, fast 500 Jahre lang als italienische Festungsstadt. Und so gibt es bis heute

STICHWORTE

ein lebendiges Nebeneinander von französischer und italienischer Kultur.

KANONENSCHUSS

Der Schotte Thomas Coventry-More verbrachte um 1860 die Wintermonate in Nizza. Als Offizier durch und durch ließ er eine Kanone auf der Terrasse des Colline du Château installieren und löste jeden Mittag um 12 Uhr einen Schuss aus. Ordnung, Pünktlichkeit und Disziplin mussten sein! Er war nämlich die unregelmäßigen Essenszeiten leid und rief seine Frau damit zum Essen. Diese Zeit ist schon lange vorbei – der Kanonenschuss ertönt bis heute.

KARNEVAL

Es regnet Mimosen, Margeriten und Nelken, wenn auf der Promenade des Anglais die weltberühmte ● *Blumenschlacht (Bataille de Fleurs)* stattfindet. An die 100 000 Blumen werden von den bunten Wagen ins Publikum geworfen, ein farbenfrohes, duftendes Spektakel! Erste Erwähnungen des Karnevals stammen aus dem Jahr 1294. Das Fest in seiner heutigen Form geht auf das Jahr 1873 zurück, als der erste Karneval mit Paraden, Reiterzügen und Maskenbällen gefeiert wurde. Kunstwerke sind die riesigen Figuren, die heute die Wagen der Karnevalsumzüge schmücken.

LICHT

„Als ich begriff, dass ich jeden Morgen dieses Licht wieder sehen würde, konnte ich mein Glück kaum fassen", sagte Henri Matisse über das Licht Südfrankreichs. Die Impressionisten kamen als Erste seinetwegen, und nach wie vor zieht das Licht der Côte d'Azur jeden in seinen Bann – die Sonne lässt alle Farben leuchten. Das Meer an der Promenade des An-

Comic beim Karneval: Der Spinat essende Seemann Popeye ist auch in Nizza populär

glais erstrahlt in einem bestechenden Türkis, dahinter glänzen grüne Palmen und Orangenbäume, und die terracottafarbenen Gebäude an der Place Masséna leuchten unter einem azurblauen Himmel.

NISSART

„Bouonjou" – das heißt „Bonjour" und ist Nissart. Die Sprache, die in Nizza und Umgebung bis heute von Einheimischen gesprochen wird und die im Stadtbild unübersehbar ist: Restaurants, Straßennamen und am Ortseingang das Schild „Nissa". Nissart ist einer von mehreren Dialekten des Okzitanischen. Okzitanisch wird im südlichen Drittel Frankreichs gesprochen. Und natürlich sind die Einwohner sehr stolz auf ihre Sprache! Theater- und Musikgruppen tragen dazu bei, sie am Leben zu erhalten. Amtssprache ist allerdings Französisch.

ROSÉWEIN

Man trinkt Rosé! Im Sommer sieht man auf den Tischen der Bistrots und Restaurants weder weiß noch rot. In geselliger Runde sitzen die Franzosen um ihr „verre de rosé", ihr kleines Glas kühlen, frischen Rosé. Der natürlich aus dem Weinbaugebiet Côtes de Provence kommt. Aus gutem Grund: 88 Prozent der gesamten Weinproduktion in der Provence sind Roséweine; die Provence stellt 38 Prozent der französischen und acht Prozent der weltweiten Roséweinproduktion.

SÉGURANE, CATHERINE

Von einer einfachen Wäscherin zur Volksheldin: Catherine Ségurane (auf Nissart: Catarina Segurana), die Retterin von Nizza. Im Jahr 1543 belagerten die mit dem französischen König Franz I. verbündeten Türken die Stadt. Laut der

GRÜNE STADT DES MITTELMEERS

Das Ziel der Stadtplaner steht fest: Sie wollen aus Nizza die „Grüne Stadt des Mittelmeers" machen. So heißt auch ihr gleichlautender Projektentwurf, dem der Stadtrat im Jahr 2010 zugestimmt hat. Die Planer konzentrieren sich dabei auf die Bereiche Lebensqualität, Umwelt, Infrastruktur und Verkehr. Erste große Maßnahme ist der Grüngürtel auf der Promenade du Paillon: Vom Jardin Albert 1er bis hin zum Théâtre National ist in den vergangenen Jahren eine Parkanlage mitten in der Stadt entstanden. Dem sind der Busbahnhof und zwei Parkhäuser gewichen. In vier neuen Parkanlagen sollen in den nächsten Jahren 77 000 m² Grasflächen angelegt und 2400 Bäume gepflanzt werden. Ein weiteres großes Thema ist der Verkehr mit dem Ausbau der Straßenbahn als Schlüsselprojekt. Vor allem die Promenade des Anglais, die zurzeit sechs Fahrspuren besitzt, verlangt nach Entlastung vom Autoverkehr. Weitere Maßnahmen: Fahrradwege, attraktiveres Tarifsystem der öffentlichen Verkehrsmittel, Park-&-Ride-Systeme. Und was liegt bei 300 Sonnentagen im Jahr näher als die Nutzung von Sonnenenergie? Diese ist in der Region bislang unterentwickelt. Die Verantwortlichen des Projekts „Grüne Stadt des Mittelmeers" wollen Aufklärungsarbeit leisten. Solarzellen – das wäre ein wahrer Fortschritt für eine Region, in der selbst Fahrradwege eine Rarität sind.

STICHWORTE

Legende führte Catherine die Bürger in die Schlacht gegen die Angreifer. Sie entblößte ihr Hinterteil, was die türkischen Feinde so sehr beleidigte, dass sie die Flucht ergriffen. Séguranes Existenz wurde nie bewiesen. Dennoch wurde sie zur Symbolfigur Nizzas. 1923 setzte die Stadt ihr zu Ehren an der Place Saint-Augustin ein Denkmal. der Bau der ersten Linie, verbunden mit dem Anlegen von neuen Grünanlagen, Plätzen und Fußgängerzonen, hat Nizza freundlicher, grüner und offener gemacht. *www.tramway.nice.fr*

Ökologisches Verkehrs- und Vorzeigeprojekt Nizzas: die Straßenbahnen der Lignes d'Azur

STRASSENBAHN

Eine Straßenbahn für Nizza. Bis 2030 will die Stadt ein Straßenbahnnetz von 35 km Länge geschaffen haben; 8,7 km sind bereits fertig. Die Linie T1 fährt seit 2007. Weitere 11,3 km kommen in den nächsten Jahren hinzu: Die Linie T2, die zum Teil unterirdisch vom Hafen bis zum Flughafen und darüber hinaus führen wird, soll Ende 2017 in Betrieb genommen werden. Damit geht auch die weitere Umsetzung der ökologischen Stadtplanung einher: die Anlage neuer Parks und Grünflächen. Außerdem wird die Tram 800 Busse, die heute täglich auf der Promenade fahren, ersetzen. Bereits

TRAIN DES PIGNES

Mit dem berühmten *Train des Pignes* kann man für einem Tag dem Stadtleben entfliehen und sich das Hinterland von Nizza anschauen. Der „Pinienzapfenzug" fährt auf einer von vier historischen Bahnstrecken, die Ende des 19. Jhs. gebaut wurden, um Nizza mit dem Hinterland und anderen Küstenorten zu verbinden. Die Bahnstrecke von Nizza nach Digne-les-Bains ist die letzte, die noch in Betrieb ist. Sie führt auf ca. 150 km durch 25 Tunnel, über 16 Viadukte und 13 Metallbrücken. In den Sommermonaten werden auch Nostalgiefahrten mit einer historischen Dampflok angeboten. *Tgl. vier Abfahrten | Gare des Chemins de Fer de Provence | 4 bis Rue Alfred Binet | Nizza–Annot 26,60 Euro, Nizza–Digne-les-Bains 46,60 Euro (Hin- und Rückfahrt) | www.trainprovence.com*

DER PERFEKTE TAG
Nizza in 24 Stunden

09:00 MORGENSTUNDE

Der perfekte Start in den Tag beginnt in Frankreich natürlich mit einem Milchkaffee *(café crème)* und einem frischen Croissant. Ein schöner Ort dafür ist das *La Civette du Cours* → S. 54 auf dem *Cours Saleya* → S. 69 (Foto li.). Frühstück, Morgensonne und Markttreiben machen Lust auf mehr.

10:00 HOCH HINAUS

Nach dem gemütlichen Auftakt ist ein bisschen Bewegung genau das Richtige. Die bekommen Sie bei dem kurzen, steilen Aufstieg auf den Schlossberg *Colline du Château* → S. 89 (Foto u.). Auf den Spuren des deutschen Philosophen Friedrich Nietzsche geht es bis zur gleichnamigen *Terrasse* → S. 90. Was im Alltag zu kurz kommt, kann man hier in vollen Zügen tun: den Blick genießen! Wer für die Bewegung lieber auf Meeresspiegelhöhe bleibt, der kann sich fürs Inlineskaten oder Radfahren auf der *Promenade des Anglais* → S. 51 entscheiden.

11:30 SIGHTSEEING KLASSISCH & MODERN

Wieder unten angekommen, geht es in die schattigen Gassen der Altstadt. Lassen Sie sich durch die Straßen um die *Place du Palais* → S. 31 und die *Place Rossetti* → S. 32 treiben, nehmen vielleicht als kleinen Aperitif eine Socca auf die Hand, machen einen Abstecher in den *Palais Lascaris* → S. 30 und schlendern durch die Lädchen der Altstadt. Die moderne Alternative des Sightseeings: mit Segways quer durch Nizza. Das bringt Spaß! Die Stadtrundfahrten von 30 Minuten bis zu zwei Stunden starten an der *Promenade des Anglais* → S. 86. Für Kunstliebhaber gibt es die Tour „Die Côte d'Azur der Maler". Vorbei geht es an 15 Kunstreproduktionen Nizzaer Maler unter freiem Himmel.

13:00 LUNCH À LA NIÇOISE

Auch Bummeln oder Segwayfahren macht Appetit: Restaurant oder lieber Picknick? Im *Restaurant du Gesu* → S. 61 gibt es Nizzaer Küche zum Sattessen. Gnocchi, Ravioli – im ersten Moment erinnert das an Italien, aber die Zubereitung ist dann doch anders, „niçois" eben. Der Nachtisch kommt danach in die Tüte. Und zwar bei *Fenocchio* → S. 55, Nizzas bekanntestem Eiskünstler. Die Picknickalternative ist ein Bummel über

Die schönsten Facetten von Nizza kennenlernen – mittendrin, ganz entspannt und an einem Tag

den *Markt* → S. 69. Baguette oder Focaccia, Oliven, Käse, Wurst – und ab zum Strand. Besonders außerhalb der sommerlichen Hochsaison ist das ein herrliches Plätzchen zum Lunchen.

14:30 ZEIT FÜR KUNST

Wer nach der Stärkung Lust auf Kultur hat, begibt sich zu Fuß durch die Altstadt zum *MAMAC* → S. 34. Der Besuch des Museums für moderne und zeitgenössische Kunst ist kurzweilig, amüsant, ideal auch für Kinder und sogar umsonst!

16:30 BUMMELN & SHOPPEN

Über die Promenade du Paillon geht es danach in Richtung *Place Masséna* → S. 35. Der weitläufige, italienisch anmutende Platz ist die Schnittstelle zwischen Alt- und Neustadt. Wem nach Kunst und Kultur der Sinn nach Kommerz steht, der überquert die Place Masséna und begibt sich auf die Avenue Jean Médecin mit den großen Modeketten oder über die Rue Masséna in Richtung Rue Alphonse Karr und Rue Paradis, wo sich die teureren Boutiquen angesiedelt haben.

20:00 MEDITERRANES SCHLEMMEN

Nach erledigtem Einkauf ist das Abendessen von hier nicht weit. Im Restaurant *La Maison de Marie* → S. 58 können Sie sich in schönem Ambiente von mediterraner Küche verwöhnen lassen. Wer es lieber rustikaler mag und noch einen zusätzlichen Fußmarsch oder drei Straßenbahnstationen nicht scheut, geht ins *Le Café de Turin* → S. 58 (Foto o.), Nizzas Klassiker für Meeresfrüchte.

22:00 WENN ES NACHT WIRD

Noch nicht müde? Dann geht es danach in den Bars der Altstadt weiter – im Sommer sucht man sich natürlich einen Platz unter freiem Himmel; im Winter sind die *Bliss Bar* → S. 71 oder die *Shadow Bar* → S. 73 gute Adressen. Und wer will, für den geht es im *High Club* → S. 73 bis in die frühen Morgenstunden weiter.

**Div. Bus- und Tramlinien zum Startpunkt
Haltestelle: Opéra-Vieille Ville
Segways vermietet *Mobilboard*
(s. S. 125), auch ohne Führung**

25

SEHENSWERTES

CITY WOHIN ZUERST?
Wer auf der **Place Masséna (136 C5)** steht, hat die Qual der Wahl: Von hier aus lässt sich Nizza sternförmig erkunden. Südlich schließt sich die Altstadt mit der Rue Droite, dem Cours Saleya und der Kathedrale an, in entgegengesetzter Richtung liegt die Neustadt zum Bummeln und Shoppen. Den Kaffee zwischendurch gibt es um die Ecke an der Place du Palais oder auf dem Blumenmarkt. Parkhäuser befinden sich in der Altstadt, am Hafen oder im Einkaufszentrum Nicetoile. Haltestelle der öffentlichen Verkehrsmittel: Place Masséna.

Wie die Tribüne eines antiken Theaters schließen sich die Hügel von Nizza um die Flussebenen des Paillon und des Var. Nizza ist eine große Freilichtbühne: Zwischen Palmen, Luxuslimousinen und Hotelpalästen spielt sich auf den Märkten, in den verschlungenen Gassen und Bars das „normale" Leben ab.

Im Süden glitzert das Meer, im Norden wächst der Wein. Ob Nizza im Sommer, wenn die Strände voll und die Nächte lang sind, oder **INSIDER TIPP** Nizza im Winter, wenn die Stadt zur Ruhe kommt, die Temperaturen mild sind und Orangen und Zitronen die Stadt orange und gelb tupfen – jede Jahreszeit hat ihren Reiz!
Vorbei an den imposanten Baudenkmälern, die sich die Engländer, Russen und Italiener über die ganze Stadt verteilt

Bild: Nizza und die Promenade des Anglais

Metropole am Mittelmeer: Seealpen und Meer bilden den Rahmen, Jetset und Ursprünglichkeit prägen das urbane Leben

gesetzt haben, ist ein Spaziergang durch Nizza wie ein Schlendern durch die wechselhafte Vergangenheit der Stadt: in der Altstadt italienischer Barock, in Cimiez und um den Mont Boron prunkvolle Belle-Époque-Villen, Art déco an der Promenade des Anglais. Den Spaziergang sollten Sie am besten zu Fuß unternehmen – im Zentrum sind die Wege kurz, Autos gibt es viele, Parkplätze wenige. Aktuelle und zukünftige Bauprojekte sind jedoch ganz auf ein fußgängerfreundliches Nizza gerichtet. Maßnahmen wie der Ausbau des öffentlichen Nahverkehrs, das Einrichten verkehrsberuhigter Zonen und neue Fahrradwege haben die Stadt in den vergangenen Jahren immer freundlicher gemacht.

Im Zentrum, auf den vielen Plätzen und Grünanlagen, pulsiert das Leben. Zwischen dem internationalen Treiben aus Geschäftsleuten, Studenten und Besuchern sind es nach wie vor die Einheimischen, die echten Niçois, die den Charakter der Stadt ausmachen. Sie sind mit ihrer Heimat verwurzelt, haben hier ihr

Die Karte zeigt die Einteilung der interessantesten Stadtviertel. Bei jedem Viertel finden Sie eine Detailkarte, in der alle beschriebenen Sehenswürdigkeiten mit einer Nummer verzeichnet sind

ganzes Leben verbracht. Sie pflegen ihre Sprache und Traditionen, werden Sie kulinarisch verwöhnen und Ihnen vormachen, wie köstlich ein Kichererbsenfladen *(socca)* und ein Glas kühler Rosé schmecken können. Oder die Pétanque-Spieler, die diese mediterrane Gelassenheit ausstrahlen, wenn sie unter Pinien wortlos ihre Kugeln werfen. Kein Dorf, kein Städtchen und natürlich kein Nizza ohne die berühmten Sandbahnen, auf denen sich ältere, vereinzelt auch jüngere Herren der provenzalischen Variante des Boule hingeben.

Während am Flughafen die Weltprominenz aus Show und Business startet und landet, haben die einzelnen Stadtviertel von Nizza, selbst die Altstadt, ihre Ursprünglichkeit bewahrt. Und es ist gerade dieses bodenständige, unprätentiöse Nizza, das die Stadt mitten im Glanz und Glamour der französischen Riviera ausmacht. Nizza wird seiner Rolle als Côte-d'Azur-Metropole gerecht und versteht es dabei geschickt, zwischen Weltoffenheit und Tradition zu jonglieren.

ALTSTADT

In der Altstadt pulsiert das Leben der Stadt. Nur wenige Schritte von der Promenade und vom Meer entfernt liegt das Herz des Altstadtviertels: der Cours Saleya mit seinem Blumen-, Obst- und Gemüsemarkt.

Von dort aus spinnt sich ein Labyrinth aus engen Gassen und kleinen Plätzen. Ein Spiel von Schatten und Sonne. Oben barocke Fassaden, unten jede Menge Cafés, Restaurants und kleine, feine Läden und Galerien aller Art. Ein lebendiges, authentisches Viertel – Wäsche hängt aus den Fenstern der farbenfrohen Häuser, Gesprächsfetzen und Musik tönen aus offenen Türen. Hierher kommen die Nizzaer zu ihrem Marktbesuch, zum Einkaufen in den alteingesessenen Altstadtläden, wie zum Beispiel in der Bäckerei *Le Four à Bois (35, Rue Droite)*, aus der der verlockende Duft nach warmem Baguette durch die Straße weht.

Bummeln, besichtigen, Nizzaer Spezialitäten kosten – so vergeht ein Tag in der Altstadt. Alle Sehenswürdigkeiten in diesem Viertel sind zu Fuß zu besichtigen. Nächstgelegene Haltestellen sind mit der Straßenbahn Opéra und Cathédrale, mit dem Bus J. C. Bermond.

■1 CATHÉDRALE SAINTE-RÉPARATE
(136 C5)

Mitten in der Altstadt liegt die barocke Kathedrale, die der Schutzpatronin Nizzas, der Heiligen Réparate, geweiht ist. Gerade noch auf der quirligen *Place Rossetti*, findet man sich hier im Barock des 17. Jhs. wieder: Der Innenraum ist üppig mit Stuck und Fresken verziert; Altar, Kanzel und Balustraden sind aus Marmor gearbeitet, die Säulen gedreht – Barock in Vollendung. Die Kathedrale wurde unter wechselnden Architekten in drei Phasen errichtet; nach 50 Jahren Bauzeit feierten Nizzas Bürger 1699 ihre Einweihung.

■2 CHAPELLE DE LA MISÉRICORDE
(136 C5)

Ein Meisterwerk des Barock! Runde Formen, prächtige Deckengemälde, vergoldeter Stuck und Marmorimitat. Direkt am *Cours Saleya* liegt die Kapelle aus dem 18. Jh., die einer Gemeinschaft von

---

MARCO POLO HIGHLIGHTS

★ **Fondation Maeght**
Gartenanlage und Museum bei Saint-Paul de Vence sind eine Oase der Kunst → S. 49

★ **Musée d'Art Moderne et d'Art Contemporain (MAMAC)**
Yves Klein & Co erheben Alltags- zu Kunstobjekten → S. 34

★ **Musée National Message Biblique Marc Chagall**
Chagalls farbenfrohe biblische Botschaft im eigens erbauten Museum → S. 43

★ **Port Lympia**
Schiffe schaukeln im Wasser, südländische Fassaden säumen das Hafenbecken → S. 39

★ **Villa & Jardins Ephrussi de Rothschild**
Herrschaftliche Villa in traumhafter Lage inmitten blühender Themengärten → S. 50

★ **Cathédrale Orthodoxe Russe Saint-Nicolas**
Das größte russische Gotteshaus außerhalb Russlands → S. 44

★ **Cours Saleya**
Das Herz der Altstadt: Markttreiben, Cafés, Restaurants → S. 30

★ **Opéra de Nice**
Der Opernsaal: festlich, prunkvoll, mondän → S. 30

★ **Place Masséna**
Lebendiger Platz mit italienischem Flair → S. 35

★ **Musée Matisse**
Auf den Hügeln von Cimiez ruhen die Schätze von Henri Matisse → S. 43

ALTSTADT

Büßermönchen, den *Pénitents Noirs*, gehört. Gebaut hat sie der berühmte piemontesische Architekt Bernardo Vittone. *Di 14.30–17 Uhr*

3 COURS SALEYA ⭐ (136 C5)
Blumenhändler inmitten ihrer Blütenpracht, Bauern hinter Gemüse- und Obstkörben; Oliven und Käse in allen Variationen. Das ist das tägliche Bild auf dem Cours Saleya. Der Platz ist großzügig, hell, gesäumt von ockergelben Häusern und zum Meer hin von den Flachbauten der *ponchettes,* einer doppelten Häuserzeile aus ehemaligen Werftgebäuden und Fischhandlungen. Der Markt hat eine über 150-jährige Tradition: Seit 1861 bauen die Händler hier jeden Morgen ihre Stände auf. Auf der angrenzenden *Place Pierre Gautier* finden Sie die regionalen Bauern mit ihren Waren. Wer das bunte Treiben liebt, wer gerne schlendert und hier und da eine leckere Kleinigkeit kauft, wer es liebt, am Rand des Geschehens in einem Café zu sitzen, der muss den Tag genau hier starten. Auch Henri Matisse gefiel der Platz: Im *Palais Caïs de Pierlas* an der Ostseite des Platzes lebte und malte er einige Jahre.

4 OPÉRA DE NICE ⭐ (136 C5)
„Tosca" lauschen in roten Samtsesseln unter riesigen Kristalllüstern: Das ist ein Abend in der Oper von Nizza. Die Geschichte des Opernhauses geht auf das Jahr 1776 zurück, als die Marquise Alli-Maccarani ihr ehemaliges Wohnhaus zum Umbau in ein Theater freigab. Vom Théâtre Maccarani ist heute nichts mehr zu sehen. 1826 wurde an dieser Stelle eine Oper im italienischen Stil gebaut, die 55 Jahre später während einer Vorstellung durch einen Brand zerstört wurde. Neu gestaltet hat das Ganze im Stil der Pariser Oper François Aune, Nizzaer Architekt und Schüler Gustave Eiffels. So steht sie als „Monument historique" heute noch und ist Veranstaltungsort von Opern-, Konzert- und Ballettaufführungen. *4–6, Rue Saint-François-de-Paule | www.opera-nice.org*

5 PALAIS LASCARIS (137 D5)
In einer schmalen Gasse liegt versteckt dieser Adelspalast aus dem 17. Jh. Außen unscheinbar, innen Barock pur: Säulen, Fresken und Skulpturen schmücken das monumentale Treppenhaus. Von En-

Rot-goldenes Arrangement mit Horn in der Opéra de Nice

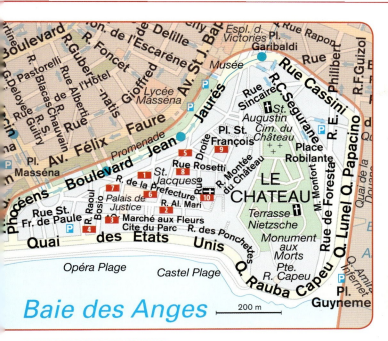

SEHENSWERTES IN DER ALTSTADT

1. Cathédrale Sainte-Réparate
2. Chapelle de la Miséricorde
3. Cours Saleya
4. Opéra de Nice
5. Palais Lascaris
6. Palais de la Préfecture
7. Place du Palais
8. Place Rossetti
9. Place Saint-François
10. Rue Droite

geln begleitet, gelangen Sie in die herrschaftlichen Räume in den oberen Stockwerken. An den Decken befinden sich Fresken mit mythologischen Themen; Stuckarbeiten und Werke der alten Nizzaer Meister zieren die Adelsgemächer. Heute beherbergt der Palast das *Musée de la Musique* mit einer der wichtigsten europäischen Sammlungen alter Instrumente. Im Erdgeschoss unbedingt einen Blick in die Apotheke von 1738 mit ihrer alten Einrichtung werfen! *Mi–Mo 10–18 Uhr | 15, Rue Droite | Eintritt frei | Führungen Fr 15 Uhr, 5 Euro | www.palais-lascaris-nice.org*

6 PALAIS DE LA PRÉFECTURE
(136 C5)

Ein Palast für die Gouverneure und Prinzen Savoyens, eine stattliche Wohnstätte für den hohen Besuch. Ab Anfang des 17. Jhs. residierten sie hier während ihrer Aufenthalte in Nizza. Seit 1860 ist das ehemalige Palais Royal Verwaltungssitz des Départements Alpes-Maritimes und heute leider nicht mehr zu besichtigen. *Rue de la Préfecture*

7 PLACE DU PALAIS (136 C5)

Dominikaner, Franziskaner – sie alle lebten im Zentrum der Altstadt, bis sie wäh-

31

ALTSTADT

rend der Revolution aus ihren Klöstern vertrieben wurden. An der Place du Palais stand einstmals ein Dominikanerkloster, das 1882 zerstört wurde. Heute steht an dieser Stelle der Justizpalast aus dem Jahr 1892. Die Place du Palais ist ein belebter Platz mit Cafés und wechselnden Märkten.

8 PLACE ROSSETTI (136 C5)
Ein Hauch von Italien. Der belebte Platz mit seinen Cafés und Restaurants ist ein beliebter Treffpunkt mitten in der Altstadt. Hier liegt auch das Hauptgeschäft von *Fenocchio*, des bekanntesten Eiskonditors der Stadt.

Chapelle Saint-Esprit zerstört und der Friedhof und Garten eines Franziskanerklosters beseitigt wurden. Das heute fast vollständig zerstörte Kloster aus dem 13. Jh. befand sich an der Nordseite des Platzes. Der Uhrturm stammt aus dem 18. Jh. und befindet sich an der Stelle des ehemaligen Glockenturms. Die Klosterkirche dient heute der Stadt als Lagerraum.

10 RUE DROITE ● (137 D5)
Kunst über Kunst findet sich in der engen Altstadtgasse. Ursprünglich war sie als direkte Verbindung zwischen dem südlichen und nördlichen Stadttor die Haupt-

Déjeuner auf der Place Rossetti: mediterranes Leben vor der Cathédrale Sainte-Réparate

9 PLACE SAINT-FRANÇOIS (137 D5)
Frische Fische gibt es rund um die *Fontaine aux Dauphins* (Delphinbrunnen): Hier findet jeden Morgen der Fischmarkt statt. Den kleinen Platz gibt es seit Anfang des 19. Jhs., als an dieser Stelle die

ader der Stadt. Hier errichteten viele Nizzaer Adelsfamilien ihre herrschaftlichen Häuser. Heute ist die Rue Droite eine schmale Fußgängerzone und Adresse einer ganzen Reihe von Kunstgalerien und Ateliers.

NEUSTADT UM DIE PLACE MASSÉNA

Die Promenade du Paillon ist ein Treffpunkt zum Plaudern und Bummeln. Kinder fahren Roller, Senioren lösen Kreuzworträtsel, die Gerüchteküche blüht unter den schattigen Laubengängen, Brunnen spenden die notwendige Frische.

Denn Wasser gibt es genug: Unter dem Asphalt fließt der überbaute Fluss Paillon. An die Promenade du Paillon schließt sich zwischen Theater und Acropolis die *Promenade des Arts* an. An der „Promenade der Künste" liegt auch das *MAMAC,* wegen seiner Architektur und Ausstellungsdichte eines der sehenswertesten Museen der Stadt. Nördlich und westlich der Place Masséna befindet sich das Viertel, das heute als „Stadtzentrum" bekannt ist. Händler und Handwerker haben sich dort im 18. Jh. niedergelassen, um das historische Zentrum zu entlasten. Ein angenehmes, internationales Getümmel zwischen trendigen Boutiquen, Luxus-Modedesignern und Bars.

■1 ACROPOLIS – PALAIS DES CONGRÈS ET DE LA MUSIQUE (137 D4)

Mit dem Ausstellungskomplex Acropolis hat sich Nizza seit 1984 zur zweitbedeutendsten Kongressstadt Frankreichs hochgearbeitet. Wie ein Schiff thront der 73 000 m² große Komplex auf dem überbauten Fluss Paillon. In dem Eventgebäude sind das gigantische *Auditorium Apollon* mit seiner beispielhaften Akustik, Veranstaltungsräume, eine Cinemathek und das große Messezentrum

auf der anderen Straßenseite untergebracht. Studieren Sie mal das Veranstaltungsprogramm – es lohnt sich. *www. nice-acropolis.com | Tramway Acropolis*

■2 JARDIN ALBERT 1ER ☆ (136 B–C5)

Palmen, Brunnen, schattige Bänke: Zwischen der Promenade des Anglais und der Place Masséna erstreckt sich der Jar-

LOW BUDGET

► Für „Kultur geballt" lohnt sich der *French Riviera Pass.* Zur Wahl stehen 24-, 48- und 72-Std.-Tickets (26, 38 und 56 Euro). Umsonst gibt es dafür Eintritte in verschiedene Museen in Nizza, Antibes, Biot, Cagnes-sur-Mer und Monaco, Führungen und unbegrenzte Nutzung des Panoramabusses. Verkaufsstellen: *Bahnhof SNCF* **(136 B4)**, *Touristeninformation* **(136 B5)**, am *Flughafen-Terminal 1* **(144 C4)** oder online. *www. frenchrivierapass.com*

► Mit den öffentlichen Bussen geht es für 1,50 Euro von Stadt zu Stadt. Cannes, Antibes und Monaco lassen sich so von Nizza aus bequem und vor allem günstig besuchen!

► Junge, innovative Kunst in den städtischen Galerien der Altstadt. Einfach mal reinschauen, der Eintritt ist frei, z. B. in der *Galerie des Ponchettes* **(136 C5)** *(77, Quai des États-Unis),* der *Galerie de la Marine (59, Quai des États-Unis)* in der ehemaligen Fischhalle oder der *Galerie Renoir* **(137 D5)** *(8, Rue de la Loge).* Alle *Di–So 10–18 Uhr*

NEUSTADT UM DIE PLACE MASSÉNA

din Albert 1er. Nicht zu übersehen durch die 19 m hohe und 38 m lange Skulptur *Arc 115°5* von Bernar Venet – eine Stahlskulptur aus Venets wiederkehrendem Motiv „Arcs" (Bögen). Außerdem in dem ältesten Garten Nizzas: der Brunnen *Fontaine des Tritons*, ein Karussell und das *Théâtre de Verdure*, in dem unter anderem im Juli das bekannte Jazzfestival stattfindet. Und das Ganze mit Blick aufs Meer. *Tramway Masséna*

3 MUSÉE D'ART MODERNE ET D'ART CONTEMPORAIN (MAMAC) ★ ●
(137 D4)

Vier Türme aus Carrara-Marmor, dazwischen Glasbrücken: Der Architekt Yves Bayard hat sich das perfekte Monument ausgedacht, um diese Sammlung der französischen und amerikanischen avantgardistischen Bewegung von den 60er-Jahren bis heute auszustellen. Auf dem Vorplatz: Skulpturen von Niki de Saint Phalle, Alexander Calder und Max Cartier. Höhepunkte der Ausstellung sind die Werke von Yves Klein, dem Farbtechniker für Ultramarinblau; Arman, dem König der „Akkumulation" und **INSIDER TIPP** **Ben** (Vautier), einem Mitbegründer der Fluxus-Bewegung. Fluxus ist eine Aktionskunst, die Leben und Kunst verbindet, statt beides voneinander abzuschotten. Der Bildhauer César verwandelt Autos durch Kompression in Kunstwerke. Sehenswert ist die *Bibliothèque Louis Nucéra* gegenüber vom Museum: Die Skulptur *Tête Carrée* von Sacha Sosno hat ihr ihren Spitznamen gegeben – Quadratschädel. *Di–So 10–18 Uhr | Place Yves Klein | Eintritt frei | www.mamac-nice.org | Tramway Garibaldi*

4 PLACE GARIBALDI (137 D4)

Der Platz wurde Ende des 18. Jhs. vom Architekten des Hafens entworfen und erfuhr im Lauf der Jahre viele Veränderungen, die letzte 2008. Seit dieser gelungenen Restaurierung ist der Platz zu 90 Prozent Fußgängerzone und hat den im 19. Jh. verlorenen Glanz zurückerhal-

Ein Stahlbogen, der zum Spielen verführt: Bernar Venets „Arc"-Skulptur im Jardin Albert 1er

34 www.marcopolo.de/nizza

SEHENSWERTES RUND UM DIE PLACE MASSÉNA

1 Acropolis – Palais des Congrès et de la Musique
2 Jardin Albert 1er
3 Musée d'Art Moderne et d'Art Contemporain (MAMAC)
4 Place Garibaldi
5 Place Masséna
6 Théâtre de la Photographie et de l'Image

ten. Die vier Seiten werden von Häuserreihen mit Arkaden im feinen Turiner Stil gesäumt, die Geschäfte, Cafés und ein Kino beherbergen. Die Statue des gebürtigen Nizzaers Giuseppe Garibaldi hat ihren Platz gewechselt, ist aber nach wie vor gen Italien ausgerichtet: eine Strafe, die ihm angeblich die Bewohner Nizzas wegen seiner proitalienischen Einstellung auferlegten, nachdem Nizza 1860 im Vertrag von Turin Frankreich zugesprochen wurde.

5 **PLACE MASSÉNA** ⭐ (136 C5)

Nur einen Schritt ist es aus den engen Gassen der Altstadt hinaus auf die weite Place Masséna: ein ausladender Platz im Turiner Stil, gesäumt von Arkaden und Häusern in pompejanischem Rot. Hier trennen sich die Alt- von der Neustadt, die verwinkelten Straßen von den breiten Promenaden, das historische vom modernen Nizza. Plötzlich italienisches Großstadtflair. Nördlich des Platzes verläuft schnurgerade die Einkaufsstraße

Avenue Jean Médecin, in westlicher Richtung nimmt hier die Fußgängerzone *Rue Masséna* ihren Anfang.

Auf dem südlichen Teil des Platzes steht die *Fontaine du Soleil*. In der Mitte dieses Brunnens thront Apollo. Die 7 m hohe Statue war wegen angeblicher Anzüglichkeit für dreißig Jahre vom Platz verbannt. 2011 hat sie, umgeben von fünf Bronzestatuen, die die Planeten Saturn, Mars, Erde, Venus und Merkur verkörpern, auf die Place Masséna zurückgefunden. *Tramway Masséna o. Jean Médecin*

6 THÉÂTRE DE LA PHOTOGRAPHIE ET DE L'IMAGE ● (136 C4)

Fotoausstellungen und Konzerte: In der stilvollen Belle-Époque-Villa gibt es beides. Neben wechselnden Ausstellungen rund um Länder und Menschen ist die permanente Ausstellung der Stadt Nizza und Charles Nègre gewidmet, Fotograf der ersten Generation, der 1863–65 sein Nizza in 40 Fotografien festgehalten hat. Wundervolle alte Bilder einer vergangenen Zeit! Ein schöner Rahmen auch für die modernen und klassischen Konzerte, die hier oft stattfinden. *Di–So 10–18 Uhr | 27, Blvd. Dubouchage | Eintritt frei | www.tpi-nice.org | Tramway Jean Médecin*

UM HAFEN & MONT BORON

Am späten Nachmittag zeigt sich der Hafen mit seiner italienisch anmutenden Architektur von seiner schönsten Seite. Die roten und ockerfarbenen Fassaden aus dem 19. Jh. schimmern in der untergehenden Sonne, in den Bars werden Aperitifs serviert, Schiffsmasten ragen in den Himmel.

Von geschäftigem Treiben ist jedoch nichts zu spüren: Der Hafen von Nizza wirkt zwischen den privaten Yachten und den Fähren, die auf ihre Abfahrt nach Korsika warten, eher verträumt als geschäftig. Die Geschichte des Hafens beginnt 1749: Als die historische

Auf der weitläufigen Place Masséna gibt es auch lauschige Eckchen

SEHENSWERTES UM HAFEN & MONT BORON

1 Boulevard Mont Boron
2 Château de l'Anglais
3 Club Nautique de Nice
4 Parc Forestier du Mont Boron
5 Place de l'Île de Beauté
6 Port Lympia
7 Weg am Meer

Hafenbucht Saint-Lambert zu klein wird, entscheidet der Herzog von Savoyen, Karl Emmanuel III., einen neuen Hafen auf dem sumpfigen Gelände Lympia zu bauen. Den großen Aufschwung erlebt der Hafen jedoch nie; er steht immer hinter Marseille und Genua zurück. Die Ein- und Ausfuhr von Olivenöl, Salz und Weizen blüht zwar zeitweise, aber schon Ende des 19. Jhs. ist die Hafentechnik ver-altet. Erst die touristische Revolution des 20. Jhs. mit Yachten und Fährverkehr hauchte dem Hafen wieder Leben ein.

1 BOULEVARD MONT BORON ☼
(137 E3–4)

Ein Prachtboulevard: Die Straße durch-kreuzt ein Villenviertel, in dem ein herr-schaftlicher Belle-Époque-Bau neben dem anderen steht. Das *Château de la*

37

Tour (Nr. 15) mit seinen Erkertürmen war einst Teil des Château de l'Anglais (siehe unten). Die *Villa Beau-Site* (Nr. 17) mit ihren Säulenhallen und dem monumentalen Musikzimmer wurde 1890 von dem berühmten Architekten Sébastien-Marcel Biasini umgestaltet. Unter Hausnummer 55 ist die *Villa Les Hautes Roches* zu sehen. Sie sticht mit ihrem Anklang an Renaissanceschlösser aus den Nachbargebäuden heraus. Die *Villa des Coccinelles* („Marienkäfervilla", Nr. 57) ist ein perfektes Beispiel für den „Sahnetortenstil", der um 1900 Furore machte. Und ganz nebenbei gewährt die Fahrt über den Boulevard einen herrlichen Blick auf Nizza und das Meer.

2 CHÂTEAU DE L'ANGLAIS (137 F6)

Es sieht aus wie ein rosafarbenes Sahnetörtchen – das exotische Gebäude an der äußersten Spitze des Cap de Nice. Das Château de l'Anglais wird von den Nizzaern noch lieber „La folie de l'Anglais" (die Verrücktheit des Engländers) genannt. Heute gehört das Schlösschen fest zum Landschaftsbild. Es ist das Werk des reichen Oberst Robert Smith, der 1857 von seinem Militäreinsatz in Indien zurückgekommen war und innerhalb von vier Jahren auf dem felsigen Grund sein Schloss baute. Dort thront es bis heute und zieht durch seine architektonische Extravaganz die Aufmerksamkeit auf sich. *Bus Château de l'Anglais*

3 CLUB NAUTIQUE DE NICE (137 E5–6)

Der Club Nautique hat eine lange Geschichte: Gegründet 1883, gingen hier schon König Alfons XIII. von Spanien, Gustave Eiffel und Henri Matisse ein und aus. Zunächst nur Yachtclub, kamen schon bald darauf die Disziplinen Rudern und später Segeln dazu. Lust auf einen Schnupperkurs? Regelmäßig werden Ruder-, Paddleboard und Segelkurse angeboten, auch für Kinder ab 7 Jahren. *Ganzjährig geöffnet | 50, Blvd. Franck-Pilatte | Tel. 04 93 89 39 78 | www.cnnice.fr*

4 PARC FORESTIER DU MONT BORON (137 F4–6)

Park mit Aussicht: Über 11 km ziehen sich die markierten Wege durch 57 ha Pinien, Eukalyptus, Zypressen und wilde Orchideen. Auf 178 m Höhe erreichen Sie den Aussichtspunkt mit Doppelpanorama auf die Baie des Anges und Villefranche-sur-Mer. Ausgangspunkt eines Spaziergangs in der wilden, farbenreichen Natur kann auch das *Fort du Mont Alban* – ein schönes Exemplar der Militärarchitektur des 19. Jhs. – im Norden des Parks sein. Auch von hier aus haben Sie einen Panoramablick der Extraklasse: eine atemberau-

bende Aussicht auf die Bucht von Villefranche, das Cap Ferrat und Beaulieu. *Bus 14 ab Ségurane bis Mont Boron (25 Minuten)*

5 PLACE DE L'ÎLE DE BEAUTÉ
(137 D4–5)

An der Stirnseite des Hafens liegt der Platz Île de Beauté. Die Kirche *Notre-Dame du Port* ist umgeben von symmetrisch angeordneten neoklassizistischen Gebäuden mit schönen Arkadengängen. Die Kirche sollte den Hafen beschützen, Seefahrer vor ihrer Abreise segnen und die Fischer nach der Heimkehr empfangen. An dem Platz steht das *Geburtshaus von Giuseppe Garibaldi,* dem Verfechter der italienischen Einheit und einem der berühmtesten Söhne der Stadt. So schön wie sein Name könnte der Platz sein, wären da nicht die vielen Autos, die ihn heute kreuzen. *Bus Le Port*

6 PORT LYMPIA ⭐ (137 D5)

Wie es so ist – in einem Hafen riecht es nach Abenteuer und weiter Welt: wenn Schiffe aufgerüstet werden, Masten und Tauwerk knarzen und die Hörner der großen Meereskreuzer ertönen. So warten auch in Nizza Yachten, Fähren und Kreuzfahrtschiffe auf ihren Aufbruch. Auf der Ostseite, am *Quai de deux Emmanuels*, liegen die guten Restaurants der Stadt dicht beieinander; die Häuser auf der Westseite entlang des *Quai Papacino* und des *Quai Lunel* sind im italienischen neoklassizistischen Stil mit barocken Elementen gebaut – bemerkenswert die Architektur des *Maison Liprandi (20, Quai Lunel)* aus dem 18. Jh. *Bus Le Port*

Bunte Fischerboote, Segel- und Motoryachten ankern vor dem Quai Papacino im Port Lympia

7 INSIDER TIPP WEG AM MEER
(137 E–F 5–6)

Lust auf einen Spaziergang? Ausgehend vom *Parc Vigier* oder vom *Jardin Félix Raynaud* können Sie über in Felsen gebaute wilde Wege in 20 Minuten das Cap de Nice erreichen und in etwas über einer Stunde zum Mont Boron spazieren. Wahnsinnig romantisch! *Bus Parc Vigier*

CIMIEZ

Antike Geschichte und Kunst mitten in der Villengegend von Nizza – das ist das Viertel Cimiez auf den Hügeln nördlich des Stadtzentrums. Ein Ruhepol im Großstadttreiben: Gärten und Parkanlagen für die Entspannung, Geschichte und Kultur für den Genuss.

Wo sich heute prunkvolle Belle-Époque-Villen aneinanderreihen, zeugen römische Ruinen von der frühen Geschichte Cimiez'. Ein Muss für alle Kunstliebhaber ist das Werk der beiden großen Künstler Marc Chagall und Henri Matisse – zu besichtigen in zwei fantastischen Museen. Die Meister der Farben und Formen verewigten ihre Liebe zu Nizza in ihren Werken: farbenfroh und leicht – wie das Leben an der Baie des Anges. Und nicht zu vergessen die Franziskanermönche, die sich ebenfalls auf dem Hügel von Cimiez niedergelassen haben. Ruinen, Kloster, Park, Museen: alles nur ein paar Schritte voneinander entfernt!

1 ARÈNES ET PARC DE CIMIEZ ☼
(136 C1)

Die Arena von Cimiez wurde im 1. Jh. gebaut und bot 5000 Zuschauern Platz. Wo vor 2000 Jahren Gladiatoren kämpften, finden heute kulturelle Veranstaltungen und Feste statt. Die Parkanlage mit Pinien und Olivenbäumen bietet einen weiten Blick über die Dächer von Nizza, viel Platz zum Spielen und Pausieren und an warmen Sommertagen Schatten und

Großbürgerliche Pracht: Am Boulevard de Cimiez ist ein Gebäude schöner als das andere

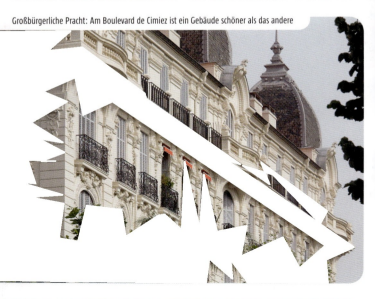

40 www.marcopolo.de/nizza

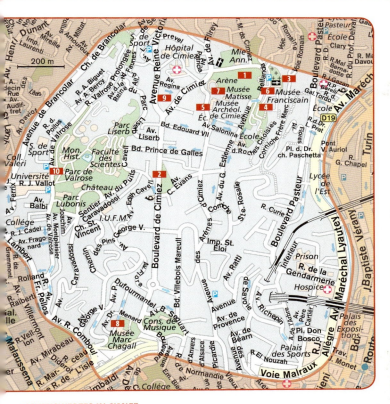

SEHENSWERTES IN CIMIEZ

1. Arènes et Parc de Cimiez
2. Boulevard de Cimiez
3. Notre-Dame-de-Cimiez
4. Jardin du Monastère
5. Musée et Site Archéologique de Nice-Cimiez
6. Musée Franciscain
7. Musée Matisse
8. Musée National Message Biblique Marc Chagall
9. Palais Régina
10. Parc Valrose

Entspannung. *April/Mai/Sept. tgl. 8–19, Juni–Aug. 8–20, Okt.–März 8–18 Uhr | 160, Av. des Arènes | Eintritt frei | Bus Arènes/Musée Matisse*

2 BOULEVARD DE CIMIEZ (136 C2)

Ein Städtebauprojekt der Extraklasse: 1880 kaufte Henri Germain, Gründer der Bank „Crédit Lyonnais", die Olivenhaine der Colline de Cimiez. Er beauftragte seinen Freund Sébastien-Marcel Biasini mit der Gestaltung des Boulevard de Cimiez, der bis zum *Palais Régina* (s. S. 44) führt, der Krönung des gewaltigen privaten Bauprojekts. *Le Grand Palais* (Nr. 2) im klassischen französischen Stil galt damals mit seinen neun Etagen als technisches Meisterwerk. *Le Majestic* (Nr. 4) kündigt den Baustil der 30er-Jahre an – viele Erker und Belvedere-Terrassen. In

CIMIEZ

der *Villa Paradisio* (Nr. 24) im Stil Ludwigs XV. ist heute eine Musikschule untergebracht. Die Villen *Raphaeli-Surany* (Nr. 35) und *L'Alhambra* (Nr. 46) gegenüber erinnern an den um 1900 beliebten maurischen Stil. Ein Beispiel typischer Nizzaer Architektur der Jahrhundertwende sehen Sie am *Winter Palace* (Nr. 84) – eine weiße Fassade, mit Stuck verziert.

du Gard beigesetzt. *Tgl. 8–12 u. 14.30–18.30 Uhr | Place du Monastère | Eintritt frei | Bus Arènes/Musée Matisse o. Monastère*

Notre-Dame-de-Cimiez: In der Klosterkirche dominiert der Ehrfurcht gebietende Altaraufsatz

3 EGLISE ET MONASTÈRE NOTRE-DAME-DE-CIMIEZ ● (137 D1)

In der Klosterkirche aus dem 15./16. Jh. sind drei Hauptwerke des Nizzaer Malers Louis Bréa und ein monumentaler Altaraufsatz aus geschnitztem, mit Blattgold verziertem Holz zu besichtigen. Die drei Altäre von Bréa, entstanden zwischen 1475 und 1515, zeigen ein Vesperbild, die Kreuzigung und die Kreuzabnahme. Auf dem Friedhof des Klosters sind die Künstler Raoul Dufy und Henri Matisse sowie der Schriftsteller Roger Martin

4 INSIDER TIPP JARDIN DU MONASTÈRE (137 D1)

Neben der Klosterkirche *Notre-Dame-de-l'Assomption* befindet sich der Klostergarten mit Rosenbeeten, Zypressen, Orangenbäumen und einem weiten Blick über Nizza und die Baie des Anges. Das Kloster selbst ist bis heute von Franziskanermönchen bewohnt, für die Öffentlichkeit aber nicht zugänglich. *April/Mai/Sept. tgl. 8–19, Juni–Aug. 8–20, Okt.–März 8–18 Uhr | Place du Monastère | Eintritt frei | Bus Arènes/Musée Matisse o. Monastère*

5 MUSÉE ET SITE ARCHÉOLOGIQUE DE NICE-CIMIEZ ● (136 C1)

Eine Zeitreise ins Jahr 13 v. Chr.: So weit führt die Geschichte Cimiez' zurück, als die Römer hier die Siedlung Cemenelum gründeten. Die Sammlung zeigt Funde von Ausgrabungen aus Cimiez und Umgebung und ist Zeugnis der griechischen und römischen Vergangenheit. Das 2 ha große Areal umfasst Thermalanlagen, Wohn- und Geschäftsviertel. *Mi–Mo 10– 18 Uhr | 160, Av. des Arènes | Eintritt frei | www.musee-archeologique-nice.org | Bus Arènes/Musée Matisse*

⑥ MUSÉE FRANCISCAIN ● (136 D1)
Die Ausstellung dokumentiert das Leben der Franziskaner in Cimiez vom 16. Jh. bis heute. Gezeigt werden Dokumente und Kunstwerke wie Fresken, Gemälde und Skulpturen. *Mo–Sa 10–12 u. 15–18 Uhr (15. Okt.–April nur bis 17.30 Uhr) | Place du Monastère | Eintritt frei | Bus Arènes/ Musée Matisse o. Monastère*

⑦ MUSÉE MATISSE ★ ● (136 C1)
In einer genuesischen Villa aus dem 17. Jh. befindet sich mitten in den Gär-

ten von Cimiez das Museum, das das Schaffen des berühmten französischen Künstlers zeigt. Neben Gemälden, Zeichnungen und Skulpturen beherbergt das Museum Fotografien und Gegenstände aus Henri Matisse' Privatsammlung. *Mi– Mo 10–17 Uhr | 164, Av. des Arènes de Cimiez | Eintritt frei | www.musee-matisse-nice.org | Bus Arènes/Musée Matisse*

⑧ MUSÉE NATIONAL MESSAGE BIBLIQUE MARC CHAGALL ★ (136 C3)
Die gesamte Entstehungsgeschichte von Chagalls Werk „Biblische Botschaft" ist in diesem Museum zu besichtigen. Die Biblische Botschaft setzt sich aus 17 Gemälden zusammen. Der Architekt André Hermant hat das Gebäude speziell für dieses Werk in Zusammenarbeit mit Marc Chagall entworfen. Die für Chagall typischen fröhlichen Farben und Formen kommen hier besonders zum Leuchten und schaffen, zusammen mit dem das Museum

ENTSPANNEN & GENIESSEN

Nichts ist entspannender, als den Blick übers blaue Meer schweifen zu lassen. ● Ebenso blau wie das Meer sind die Stühle, die auf der *Promenade des Anglais* bereitstehen, um sich auszuruhen, zu lesen, zu lunchen. 8 km ist Nizzas Stadtstrand lang: im Winter beliebt zum Spazierengehen und Faulenzen entlang der schützenden Mauer. Im Sommer ist hier Hochbetrieb! Der Steinstrand ist dann bestens ausgerüstet: 15 Strandbars und -restaurants vermieten tageweise Liegen und Sonnenschirme, dazu Duschen, Umkleidekabinen und – angenehm – Service direkt an der Liege. In ist der ● *Castel Beach* am Ende

der Bucht, gegenüber vom Hotel La Perouse. Aber auch andere Strände wie der *Blue Beach* oder die ● *Ruhl Plage* sind die richtige Wahl für einen Urlaubstag à la niçoise. Eine Liste aller Strände finden Sie unter *www.plagesdenice. com*. Besonders im Juli und August sollten Sie die Liegen vorab reservieren! Natürlich gibt es auch frei zugängliche Strände, gut gepflegt und ebenfalls alle mit Duschen ausgestattet. Laut europäischer Norm ist das Badewasser von Nizza von ausgezeichneter Qualität. Nur Sandstrände werden Sie in Nizza vergeblich suchen – die beginnen weiter westlich in Antibes/Juan-les-Pins.

Cathédrale Saint-Nicolas: seit fast 100 Jahren Zeugnis russischen Lebens an der Côte d'Azur

umgebenden Garten, einen Ort der Leichtigkeit. *Nov.–April Mi–Mo 10–17, Mai–Okt. 10–18 Uhr | Av. Docteur Ménard | Eintritt 8 Euro (1. So im Monat frei) | www.musee-chagall.fr | Bus Musée Chagall*

9 PALAIS RÉGINA (136 C1)
Prunkvollster Belle-Époque-Bau Nizzas. Gebaut 1897 innerhalb von 15 Monaten, war es als Hôtel Excelsior Régina Palace den Besuchen der Königin Victoria von England gewidmet. 1938 kaufte Henri Matisse zwei Appartements in dem ehemaligen Hotel, die er bis zu seinem Tod 1954 bei seinen Aufenthalten in Nizza bewohnte. Heute sind die Wohnungen des Palais Régina in Privatbesitz und der Öffentlichkeit nicht zugänglich. Auf dem Weg durch Cimiez ist das Palais aber unbedingt einen Blick wert. *Kreuzung Blvd. de Cimiez/Av. Reine Victoria*

10 PARC VALROSE (136 B–C2)
Am Fuß des Hügels von Cimiez erstreckt sich die grüne Oase über 10 ha. Der Park ist Standort der *naturwissenschaftlichen Fakultät der Université Nice Sophia-Antipolis*. Neben einer großen Vielfalt an Pflanzenarten führt der Spaziergang vorbei an zwei Schlössern, Springbrunnen und Skulpturen. Wie aus einer anderen Zeit erscheint die *Isba*, ein Pavillon aus sibirischer Tanne, die Ende des 19. Jhs. auf Wunsch des einflussreichen Barons von Derwies in Einzelteilen aus Kiew verschifft wurde. In dem historischen Monument ist heute ein Büro der Universität untergebracht. *Mo–Sa 14–18 Uhr | 28, Av. Valrose | Eintritt frei | Bus Valrose*

IN ANDEREN VIERTELN

CATHÉDRALE ORTHODOXE RUSSE SAINT-NICOLAS ⭐ (136 A4)
Grüne Zwiebeltürme ragen in den Himmel – ein Hingucker in der Silhouette Nizzas. Es sind die Türme der

russischen Kathedrale, des größten russischen Gotteshauses außerhalb Russlands. Die Kathedrale aus terrakottafarbenem Backstein, hellgrauem Marmor und leuchtenden Keramiken ist nicht nur ein wunderschönes Gebäude, sondern auch Zeugnis der russischen Vergangenheit Nizzas. Russische Adelsfamilien und Mitglieder des Zarenhofs ließen sich im 19. Jh. an der Côte d'Azur nieder. Der Bau einer Kathedrale wurde notwendig. 1912 feierte die russische Gemeinde die Einweihung ihres Gotteshauses. Beeindruckend geht es im Inneren der Kathedrale weiter: wertvolle Ikonen, Fresken und Holzschnitzereien. *Di–So 9–12 u. 14–18 Uhr | Eintritt mit kurzen Hosen/Röcken u. schulterfreien T-Shirts nicht gestattet | Av. Nicolas II | www.cathedrale-russe-nice.fr | Bus Tzarewitch/Gambetta*

Der größte russische Friedhof der Côte d'Azur, der *Cimetière Russe de Caucade (Di/So 14–17, Mi–Sa 9–12 u. 14–17 Uhr | 78, Av. Sainte-Marguerite | Bus Cimetière de Caucade)*, wurde 1867 angelegt. Er liegt im Viertel Arénas **(145 D3)** *(*ꝏ *D3)*. Russische Adelige, Maler und Schriftstel-

ler, wie der Philosoph Alexander Herzen, fanden hier ihre letzte Ruhe.

MUSÉE DES ARTS ASIATIQUES
(145 D3) *(*ꝏ *D3)*

Zen-Attitüde! Schon das Gebäude ist sehenswert: Der japanische Architekt Kenzo Tange hat das Meisterwerk aus weißem Marmor in einem künstlichen See in einem 7 ha großen Park entworfen. „Das Museum ist ein Schwan, der auf dem Wasser eines ruhigen Sees inmitten einer üppigen Vegetation an der Mittelmeerküste schwimmt", so Tange. Im Museum gibt es vier Räume, die China, Japan, Indien und Südostasien gewidmet sind. Im ersten Stockwerk ist der Buddhismus mit einer bemerkenswerten Sammlung vertreten. Ein besonderes Highlight: der **INSIDER TIPP** *Teepavillon* mit einer regelmäßigen Teeverkostung und Teezeremonie (So 15 Uhr, 10 Euro, tel. Anmeldung nötig). *Mai–15. Okt. Mi–Mo 10–18, 16. Okt.–April 10–17 Uhr | Eintritt frei | 405, Promenade des Anglais | Tel. 04 92 29 37 02 | www.arts-asiatiques.com | Bus Arénas*

Musée des Arts Asiatiques: Die Präsentation der Objekte lenkt den Blick aufs Wesentliche

MUSÉE DES BEAUX-ARTS (136 A5)

Seit 1928 befindet sich das städtische Museum der Schönen Künste in den Räumen des prunkvollen Palais, der 1878 für die ukrainische Prinzessin Elisabeth Kotchoubey gebaut wurde. Die Villa mit ihrem Garten, dem Atrium und der monumentalen Treppe ist ebenso sehenswert wie die kleine, aber feine Sammlung des Museums. Zu den Exponaten gehören Gemälde des Rokokomalers Jean-Honoré Fragonard und der Impressionisten Eugène Boudin, Edgar Degas, Claude Monet und Alfred Sisley. Im großen Ausstellungsraum befinden sich Werke von Raoul Dufy – von ersten kubistischen Versuchen bis zum Spätwerk. Ein Teil des Museums ist Jules Chéret, einem Wegbereiter der modernen Plakatmalerei, gewidmet. *Mi–Mo 10–18 Uhr | 33, Av. des Baumettes | Eintritt frei | www.musee-beaux-arts-nice.org | Bus*

INSIDER TIPP MUSÉE INTERNATIONAL D'ART NAÏF ANATOLE JAKOVSKY

(145 D3) (*ω D3*)

Einfach, bunt, unbekümmert, Reisen in eine imaginäre Welt – die naive Malerei vom 18. Jh. bis heute ist in dem ehemaligen Stadtschloss des Parfumeurs François Coty zu bewundern. Einer Schenkung von Anatole Jakovsky ist es zu verdanken, dass Nizza heute eine der weltweit bedeutendsten Ausstellungen der naiven Kunst besitzt. Und was es zu sehen gibt, ist in der Tat erstaunlich: ca. 600 Werke von berühmten Malern wie Bauchant, Bombois, Vivin, Séraphine oder Rimbert. *Mi–Mo 10–18 Uhr | Château Sainte-Hélène | 36, Av. Val Marie | Eintritt frei | Bus Vallon Barla*

OBSERVATOIRE DE NICE ☽ (137 F1)

Charles Garnier als Architekt und eine riesige, mobile Kuppel von Gustave Eiffel, die mit 18 m Länge und 76 cm Durchmesser eines der größten Fernrohre der Welt beherbergt – das ist das Observatorium von Nizza. Der Traum von Louis-Raphael Bischoffsheim wurde 1887 fertiggestellt und steht heute unter Denkmalschutz. Das Observatorium spielte sehr früh eine wichtige Rolle in der Astronomie und hat heute noch maßgeblichen Anteil an Forschungen in Physik und Astrophysik. Die Spezialisten erklären selbst – leider nicht auf Deutsch. Und nicht nur der Blick nach oben lohnt sich: Eine tolle Aussicht über die Baie des Anges gibt es vom 40 ha großen Park aus. *Besichtigung Mi/Sa/So 14.45 Uhr (Anmeldung über Website nötig) | Blvd. de l'Observatoire | Eintritt 6 Euro | www.oca.eu | Bus Observatoire*

VILLA ARSON (136 A1)

Eine prunkvolle Villa aus dem 17. Jh., umgeben von moderner Architektur aus Kieselsteinen und Beton mit weitläufigen Terrassen und Gärten: Die Villa Arson ist ein Zentrum für zeitgenössische Kunst, in dem die Ecole Supérieure Nationale d'Art und das Centre National d'Art Contemporain untergebracht sind – Institutionen, die eine internationale Referenz für junge, hier ausgebildete Künstler bedeuten. Der Architekt Michel Marot, ein Schüler von Walter Gropius, schmückte die 2 ha große Gartenanlage mit zahlreichen Kunstwerken. Wechselnde Ausstellungen zeitgenössischer Kunst. *Mi–Mo 14–18 Uhr (Juli–Sept. bis 19 Uhr) | 20, Av. Stephen Liégeard | Eintritt frei | www.villa-arson.org | Bus Le Ray o. Deux Avenues*

ZIELE IN DER UMGEBUNG

Nur ein Katzensprung ist es vom Zentrum in die Hügel von Nizza – und der kleine Ausflug lohnt sich unbedingt.

SEHENSWERTES

Denn hier sind einige Sehenswürdigkeiten versteckt, die nicht am Wegesrand liegen – umso spannender ist es, sich auf den Weg zu ihnen zu machen.

Bekannter sind da schon das Cap Ferrat, die prächtigen Villen Ephrussi de Rothschild und Kerylos sowie im Hinterland von Nizza die Fondation Maeght beim Örtchen *Saint-Paul-de-Vence,* das sich ab den 20er-Jahren einen fast schon legendären Ruf als Künstlerdorf erworben hat. Vier tolle Touren raus aus der Stadt!

te Blanche Delacroix, sowie die daran angrenzende *Villa des Cèdres* (direkt neben dem Touristikbüro, leider nicht zu besichtigen), die über einen der schönsten botanischen Gärten der Welt verfügt. Zu besichtigen ist die INSIDER TIPP *Villa Santo Sospir (tgl. nach Vereinbarung | Eintritt 12 Euro | 14, Av. Jean Cocteau | Tel. 04 93 76 00 16 | www.villasantosospir.fr).* Jean Cocteau hat das Haus mit Fresken,

Die Villa Ephrussi de Rothschild ist heute Museum, umgeben von sieben verschiedenen Gärten

CAP FERRAT (145 E3) (*E3*)

Ende des 19. Jhs. war die Landzunge zwischen Nizza und Monaco ein verwilderter Grund, genutzt lediglich zur Fuchsjagd. Der belgische König Leopold II., der sich zu dieser Zeit im Grand Hôtel Cimiez aufhielt, entdeckte 1895 das Stückchen Land. Er erwarb zwei Drittel des Geländes und ließ zahlreiche Villen bauen. Darunter die berühmte *Radiana*, einen goldenen Käfig für seine junge Gelieb-

Mosaiken und Deckengemälden versehen. Ein sehenswertes Schmuckstück!
Bis heute hat die Halbinsel nichts von ihrem Luxus eingebüßt: Sie gehört zu den teuersten Flecken der Erde, und Berühmtheiten wie Romy Schneider, Gregory Peck, Jean-Paul Belmondo oder Andrew Lloyd Webber besaßen oder besitzen dort ihre Anwesen. Die gesamte Halbinsel können Sie auf einem Fußweg umrunden. Schön ist der Weg hinunter zur *Pointe Saint-Hospice,* der Spitze des Caps (ca. 3,5 km ab dem Hafen von Saint-Jean). *10 km*

ZIELE IN DER UMGEBUNG

CASCADE DE GAIRAUT
(145 D2) (ⵓ D2)

Ein Denkmal der besonderen Art ist der Wasserfall von Gairaut. Er erinnert an das Jahr 1883, seit dem das Wasser des Vésubie-Kanals die Stadt mit Wasser versorgt. Direkt oberhalb des Wasserfalls, der sich in ein symmetrisches Becken ergießt, steht auf einem Steinhügel ein kleines Châlet. Unterhalb des Wasserfalls liegt die kleine Kirche von Gairaut aus dem 17. Jh.

Ein Spaziergang unter Oliven- und Feigenbäumen? Nehmen Sie den alten ☀ *Chemin de Gairaut*, der am ehemaligen Kanal entlang bis zur *Avenue de Rimiez* führt (eine Dreiviertelstunde hin und zurück) und genießen Sie den Ausblick auf Nizza. Für einen kleinen Snack halten Sie bei *L'Autobus (tgl. 12–14, Fr/Sa auch 19–21 Uhr | 142, Av. de Gairaut | Tel. 04 93 84 49 88 | €–€€)* an. Das Bäckerei-Bar-Gasthaus gibt es seit 1928. *Bus 76 ab Tramstation Comte de Falicon bis Cascade de Gairaut. 7 km*

INSIDER TIPP ▶ CHAPELLE DU ROSAIRE
(144 B3) (ⵓ C3)

Das Spiel von Licht und Sonne ist vormittags am eindrucksvollsten. 1947–51 steckte Henri Matisse all seine Ideen und Liebe zu Licht und Farben in die Gestaltung dieser Kapelle im Örtchen Vence. Von Fenstern und Türen über Bilder bis hin zum Altar – alles stammt aus seiner Hand. Das durch die farbigen Fenster ein-

BÜCHER & FILME

▶ **Fluchtpunkt Nizza** – Thriller-Romanze (2005) von Jérôme Salle, mit Yvan Attal und Sophie Marceau. Die Jagd nach dem Geldwäscher Anthony Zimmer beginnt, als der nach plastisch-chirurgischem Eingriff seine Freundin Chiara in Nizza zu treffen versucht. 2010 gab es das Remake „The Tourist" von Florian Henckel von Donnersmarck mit Angelina Jolie und Johnny Depp

▶ **Über den Dächern von Nizza** – Alfred Hitchcocks Filmklassiker (1955) mit Cary Grant und Grace Kelly. Von Cannes bis Eze wird Cary Grant alias die „Schwarze Katze" gescheucht

▶ **In der Hitze von Nizza** – In Patrick Raynals Krimi (2004) ermittelt Raymond Matas in einem Raubmord. Verdächtiger ist sein ihm bis dahin unbekannter Sohn …

▶ **Die Promenade** – Roman (2009) von Véronique Olmi über das Leben der Exilrussen in den 20er- und 30er-Jahren in Nizza. Erzählt aus der Sicht eines kleinen Mädchens, das bei seiner Großmutter lebt, hin- und hergerissen zwischen den Kulturen

▶ **Der Nizza-Clan** – Polit-Thriller (2006) von Monsieur Rainer rund um Korruption und Machtmissbrauch

▶ **Das Buch von der Riviera** – Ein ungewöhnliches Reisetagebuch. Erika und Klaus Mann erzählen von ihren Erlebnissen an „der Côte". Erstmals 1931 erschienen, ist es nun als Reprint erhältlich

▶ **Nizza – mon amour** – Dieses Buch (2010) ist der perfekte Reisebegleiter und eine große Liebeserklärung von Fritz J. Raddatz an Nizza

Hauptsache, der Künstler findet die Haustür noch: La Maison de Ben

fallende Licht taucht die Kapelle in einen warmen Schein. Die Kerzenständer sind Matisse' Lieblingsblume, der Anemone, nachempfunden; der Altar ist aus einem Stein, der der Beschaffenheit von Brot ähnelt. „Das ist mein Meisterstück", urteilte Matisse über das Ergebnis seiner Arbeit. Und Le Corbusier verließ die Kapelle mit den Worten: „Dank Ihnen ist das Leben heute schön." *Di/Do 10–11.30 u. 14–17.30, Mo/Mi/Sa 14–17.30 Uhr, Mitte Nov.–Mitte Dez. geschl. | Vence | Eintritt 4 Euro. 24 km*

FONDATION MAEGHT ★
(144 B3) (*C3*)

Auf einem schattigen Hügel in der Nähe von Saint-Paul de Vence verbergen sich in einem Pinienhain Kunstschätze – eine der wichtigsten europäischen Sammlungen zeitgenössischer Gemälde, Skulpturen und Zeichnungen: Bonnard, Calder, Chagall, Giacometti, Léger, Miró. Das Ehepaar Marguerite und Aimé Maeght hat die Stiftung 1964 gegründet und zusammen mit dem Architekten Josep Lluís Sert einen wahrhaft der Kunst geweihten Ort geschaffen. Gebäude und Anlage sind von den Künstlern mitgestaltet: Wandmosaike von Chagall und Tal Coat, Brunnen von Bury, ein Fenster und ein Mosaik von Braque, ein Skulpturenlabyrinth von Miró, der Hof mit Bronzefiguren von Giacometti. Von Giacometti ist auch das Mobiliar im *Museumscafé (€)* im Garten. *Tgl.; Okt.–Juni 10–18, Juli–Sept. 10–19 Uhr | Saint-Paul-de-Vence | Eintritt 15 Euro | Tel. 04 93 32 81 63 | www.fondation-maeght.com. 22 km*

LA MAISON DE BEN
(145 D2) (*C–D2*)

Wenn Sie schon die Werke von Ben im MAMAC bewundert haben, werfen Sie doch auch noch einen Blick auf sein Haus. Im Garten befindet sich eine bizarre Zusammenstellung von Gegenständen: von Bidets, die als Blumentöpfe dienen, bis zu Fernsehern, vom Rhinozeros bis zu Piratenstatuen. Auf jedem kleinsten Fleck steht ein Spruch mit seiner unverkennbaren Schrift. Das Haus ist leider nicht zu besichtigen. Mehr von Ben Vautier unter *www.ben-vautier.com*. *„Chez Malabar et Cunégonde" | 103, Route de Saint-Pancrace. 11 km*

49

Das Château de Crémat steht für fruchtigen Rotwein, frischen Rosé und eleganten Weißwein

LE MOULIN ALZIARI ●
(144 C3) (*D3*)

Nicolas Alziari gründete die Ölmühle 1879. Sie ist heute die letzte, die in Nizza noch in Betrieb ist. Die ursprünglichen Mahlsteine zerdrücken immer noch die typischen kleinen Oliven, die *caillettes*, und das Rezept des bekannten Nektars ist unverändert geblieben. Die Mühle ist von November bis März in Betrieb, kann aber ganzjährig besichtigt werden. *Infos zu Öffnungszeiten und Anmeldung per Telefon oder E-Mail | 318, Blvd. de la Madeleine | Eintritt frei | Tel. 04 93 44 45 12 | tourisme@alziari.fr.com | www.alziari.com.fr | Bus La Madeleine. 6 km*

LE VIGNOBLE DE BELLET
(144 C2) (*D2*)

In *Saint-Roman de Bellet* befinden Sie sich auf dem winzigen Weinanbaugebiet von Nizza. Die beiden Schlösser – das *Château de Bellet* im Nizzaer Stil mit ockerfarbener Trompe-l'Œil-Fassade und das *Château de Crémat* mit seiner eindrucksvollen Architektur zwischen Mittelalter und Rokoko – sind schon von Weitem zu sehen. Über die außergewöhnlichen Weine von Bellet können Sie in den beiden Châteaux oder bei einer Degustation in einem der Weingüter mehr erfahren. Besichtigung und Verkostung nach Terminvereinbarung. Eine vollständige Liste aller Weingüter finden Sie unter *www.vinsdebellet.com. 14 km*
– *Château de Bellet (440, Chemin du Saquier | Les Séoules | Tel. 04 93 37 81 57 | Bus 62)*
– *Château de Crémat (442, Chemin de Crémat | Tel. 04 92 15 12 15 | Bus 11 Saint-Isidore/Eglise)*
– *Collet de Bovis (370, Chemin de Crémat | Tel. 04 93 37 82 52 | Bus 11 Saint-Isidore/Eglise)*
– *Domaine de la Source (303, Chemin de Saquier | Tel. 04 93 29 81 60 | Bus 62)*

VILLA & JARDINS EPHRUSSI DE ROTHSCHILD ★ (145 E3) (*E3*)

Sieben Jahre benötigte die Baronesse Rothschild, um diesen außerordentlich idyllischen Ort zu bauen. Die Ideen von nicht weniger als 15 Architekten flossen unter ihrer Anleitung in den Bau ein. Als Zeichen ihrer Extravaganz erschien sie nur in rosarotem Gewand in der Öffentlichkeit. Ihre Villa beherbergt heute eine der wichtigsten und schönsten Kunstsammlungen Frankreichs, u. a. mit Möbeln und Gemälden aus Mittelalter und Renaissance, sowie eine wertvolle Porzellansammlung. Die 7 ha Themengärten sind paradiesisch.

Für ein leichtes Mittagessen oder eine Pause zwischendurch ist die Terrasse des eleganten ❄ Salon de Thé mit Blick aufs Meer genau das Richtige. Vor dieser imposanten Kulisse findet hier im August das Opernfestival Les Azuriales (www.azurialopera.com) statt. Tgl.; März–Okt. 10–18 Uhr (Juli/Aug. bis 19 Uhr), Nov.–Feb. 14–18 Uhr | Saint-Jean-Cap-Ferrat | Eintritt 12,50 Euro | Tel. 04 93 01 33 09 | Besichtigung mit 4-sprachiger detaillierter Broschüre | www.villa-ephrussi.com. 8 km

VILLA GRECQUE KÉRYLOS
(145 E3) (*ØD E3*)

Mit der Nachahmung eines aus dem 2. Jh. v. Chr. stammenden, typisch griechischen Palasts von der Insel Delos hat Parlamentsmitglied und Archäologe Théodor Reinhach den modernen Komfort mit dem Geist der alten Griechen verbunden. Die Villa in Beaulieu-sur-Mer ist mit Kopien und Reproduktionen von Möbeln und Fresken aus dem alten Griechenland eingerichtet. Tgl.; März–Okt. 10–18 Uhr (Juli/Aug. bis 19 Uhr), Nov.–Feb. 14–18 Uhr | Impasse Gustave Eiffel | Beaulieu-sur-Mer | Eintritt 11 Euro | Tel. 04 93 01 01 44 | Besichtigung mit Audioführer auch auf Deutsch | www.villa-kerylos.com. 8 km

Tipp: Die **INSIDER TIPP** Kombikarte für die beiden Villen zusammen kostet nur 19 Euro.

VILLEFRANCHE-SUR-MER
(145 D–E3) (*ØD E3*)

Die Altstadt des benachbarten Orts Villefranche erhebt sich wie ein antikes Theater über dem Meer. Folgen Sie der Beschilderung zur kleinen Chapelle Saint Pierre (Mi–Mo 10–12 u. 14–18, im Sommer 15–19 Uhr, Mitte Nov.–Mitte Dez. geschl. | Eintritt 2,50 Euro) mit Fresken von Jean Cocteau. Der malerische Fischerhafen hinter der Kapelle verlockt zu einem Zwischenstopp in einem der Cafés. Parallel zur Uferstraße Quai de l'Amiral Courbet liegt die Rue Obscure, eine vollkommen mit Häusern überbaute Straße. www.villefranche-sur-mer.fr

RICHTIG FIT!

Die Promenade des Anglais ist eine paradiesische Piste für Jogger, Inlineskater und Radler. Begeben sich am frühen Morgen auf die Promenade: Im Licht der ersten Sonnenstrahlen mit Blick aufs Meer ist eine Fitnessrunde ein ganz besonderes Erlebnis. Sie sind dabei sicher nicht allein. Den ganzen Tag über ist die breite Promenade der Treffpunkt für bewegungshungrige Nizzaer. An mehreren Stellen werden Fahrräder zum Verleih angeboten (s. S. 127). Und auch Spaziergänger kommen auf der 8 km langen Flaniermeile auf ihre Kosten. Dazu ist der Weg, um sich am und im Wasser sportlich zu betätigen, nicht weit – ein paar Stufen runter zum Strand, und schon bieten sich die vielfältigsten Sportmöglichkeiten: Schwimmen, Beachvolleyball, Segeln oder Rudern, Wasserski, Parasailing, Wakeboard und auch Tauchen (s. S. 127).

ESSEN & TRINKEN

Nizza ist ohne Zweifel die Stadt Frankreichs, die am stärksten ihre eigene Küche entwickelt hat. Was sie so besonders macht, ist die Mischung aus provenzalischen und italienischen Einflüssen. Olivenöl, Knoblauch, Kräuter, Gemüse, aber auch Fleisch, wie die herzhafte *daube niçoise*, sind Bestandteil dieser lokalen Küche. *Petits farcis, raviolis niçoise, pissaladière* – das sind die Gerüche Nizzas!

Neben Lyon, wo sich so viele erstklassige Restaurants etabliert haben, ist Nizza auch die einzige Stadt Frankreichs, deren Name direkt mit der Küche in Verbindung gebracht wird: der *cuisine niçoise* oder *nissarde* im Dialekt. Um die traditionellen Rezepte zu bewahren, wurde das Label „Cuisine Nissarde" eingeführt. Sehen Sie im Fenster das Schild mit einer Frau in der Tracht Nizzas, geht es direkt hinein in die authentische Nizzaer Küche! Nizza ist außerdem ein Paradies für Liebhaber von Fisch und Meeresfrüchten. Gegrillter Wolfsbarsch ist ein Leckerbissen! Außerdem werden Sardellen, Rotbarben und Goldbrassen gefangen und mit Raffinesse zubereitet. Aber was wäre ein feiner Fisch ohne den passenden Wein? Den gibt es direkt vor der Haustür: aus den Weinhängen von Bellet. Kenner schätzen die Weine, deren Ruf seit Langem Nizzas Grenzen überschritten hat.

Übrigens: Auch wenn an der Côte d'Azur landesweit die meisten 3-Sterne-Restaurants pro Quadratmeter residieren, ist es dennoch möglich, Nizzas Küche in allen Preislagen zu kosten!

Bild: Restaurant Chez Davia

Schlemmen wie Gott in Nizza: Die Metropole am Mittelmeer ist ein Paradies für Liebhaber einer originären mediterranen Küche

BISTROS & SHOPS

Delikatessen zwischen Ölfässern und Weinregalen – in Nizza gibt es wundervolle Bistros, die eine ausgewählte kleine Karte und freundlichen Service mit dem Verkauf ihrer Produkte verbinden. Bestens geeignet für ein kleines Essen am Mittag!

INSIDER TIPP ▶ LE LOCAL (136 D4)
Abseits des touristischen Zentrums an den Mauern der Kirche Notre-Dame du Port im Hafen liegt das italienische Restaurant mit Feinkostladen. Köstliches Essen, wie Pasta, Risotto und italienischer Schinken und Wurst, in schlichter Einrichtung aus Holz und Stein. *Mo 11–15.30, Di–Sa 11–15 u. 19–24 Uhr | 4, Rue Rusca | Tel. 04 93 14 08 29 | Bus Le Port | €€*

MA YUCCA (136 B5)
Es duftet nach Sesam, Sojasauce und gleichzeitig nach typisch französischer Dorade. Bei den Schwestern Yuka und Mayu Ueda haben sich französische und

53

japanische Küche gefunden. In ihrer Boutique *Ma Yucca Maison (Mo, Mi–Sa 11–19 Uhr)* gegenüber gibt es japanische Accessoires, Deko- und Porzellanartikel. *Mo, Mi–Sa 12–14 u. 19–22 Uhr | 26, Rue de la Buffa | Tel. 04 93 88 39 84 | www.mayucca.fr | Tramway Jean Médecin | €€*

ginell ist das Bistrot im hinteren Teil des Geschäfts mit täglich wechselnden Gerichten und Zutaten frisch vom Markt. *Mo–Sa 10–20 Uhr | 17, Rue Gubernatis | Tel. 04 93 62 69 80 | www.la-part-des-anges-nice.fr | Tramway Masséna | Bus Wilson | €*

Oliviera: Täglich wird hier bewiesen, dass Olivenöl wohlschmeckend und gesund ist

OLIVIERA ⭐ (137 D5)

Seine Passion ist das Olivenöl: Mit leuchtenden Augen verkostet Nadim Beyrouti die besten Öle der Region. Im Bistrot serviert er Gerichte von einer monatlich wechselnden Karte. Im Mittelpunkt steht stets das Olivenöl: Jeder Speise wird ein in der Karte ausgewiesenes Öl beigefügt. *Geschäft Di–Sa 10–22 Uhr | Bistro Di–Sa 12.30–14.30 u. 19.30–21.30 Uhr | 8, Rue du Collet | Altstadt | Tel. 04 93 13 06 45 | www.oliviera.com | €€*

INSIDER TIPP LA PART DES ANGES
(136 C4)

Sind Sie hier richtig? Ja, Sie sind es! Beim Eintreten stolpert man in Olivier Labarde's kleinem Laden über Weinkartons und Flaschen. Rustikal und ori-

CAFÉS

BRÛLERIE DES CAFÉS INDIEN (136 C5)

Der Duft frisch gerösteten Kaffees führt in den Laden der alteingesessenen Kaffeerösterei. Ein schneller Kaffee im Stehen und eine riesige, zum Kauf verführende Auswahl an Kaffeesorten aus aller Welt. *Di–Sa 9–12.30 u. 15–19, So 9–12.30 Uhr | 35, Rue Pairolière*. Weitere Filiale: *2 bis, Rue Sainte Réparate*

LA CIVETTE DU COURS (136 C5)

Der Cours Saleya ist gesäumt von Cafés und Restaurants. La Civette ist eine sonnige Frühstücksadresse mit Marktblick, ein Treffpunkt für den Apéritif und auch bei Einheimischen beliebt. *Tgl. 7.30–1 Uhr | 1, Cours Saleya | Altstadt*

INSIDER TIPP ► EMILIE'S COOKIES & COFFEE SHOP

Eine offene Küche hinter der Bar, in der Céline Molière und Emilie Zmaher Cookies, Muffins und Bagels zubereiten. Sofas und Sessel, Holzboden und Wände, ebenso schokobraun wie die leckere heiße Schokolade und der Cappuccino. *1, Rue de la Préfecture* (136 C5) *(Mo geschl.) | www.emiliescookies.com | Tramway Opéra-Vieille Ville*. Weitere Filiale: *9, Rue Alberti* (136 C4) *(So geschl.)*

LE PAIN QUOTIDIEN ● (136 C5)

Sehr gutes, reichhaltiges Frühstück – wenngleich teurer als der einfache Café Crème mit Croissant um die Ecke. Und tatsächlich: 🕓 Es gibt richtiges Brot mit Mehl aus *l'agriculture biologique!* Beste Altstadtlage am Eingang zum Blumenmarkt. *Tgl. 7–19 Uhr | 3, Rue Louis Gassin/Rue Saint-François de Paule | Altstadt | www.lepainquotidien.com*

SUD (136 C5)

An der Rue Félix Faure parallel zur Promenade du Paillon reihen sich die Cafés aneinander. Ein Tipp? Die Brasserie Sud: beliebter Treffpunkt junger Leute. *So geschl. | 10, Av. Félix Faure | Tramway Cathédrale*

EIS & SAFT

AMORINO 🕓 (136 C5)

Eine Eiserfrischung abseits der Altstadt gibt es bei Amorino. Ohne künstliche Aromen, ohne Farbstoffe, dafür aus Bioeiern und frischer Milch. Eisblüten aus Himbeeren, Pistazien und vielem mehr. *Tgl. 12–2 (im Winter bis 19) Uhr | 33, Rue Masséna | www.amorino.com | Tramway Masséna*

FENOCCHIO ★ (136 C5)

Ausgefallen – wie Lavendel, Lakritz oder Ingwer? Oder doch lieber klassisch – wie Schokolade, Nuss oder Aprikose? Über 60 Sorten Eis und mehr als 30 verschiedene Sorbets machen die Wahl mehr als schwer. Doch egal, für welche Sorte Sie sich entscheiden – das Eis von Fenocchio ist spitze! *März–Nov. tgl. 9–24 Uhr | 6, Rue de la Poissonnerie | Altstadt | www.fenocchio.fr*. Weitere Filiale: *2, Place Rossetti*

MY BERRY (137 D5)

Einen kleinen süßen, aber gesunden Snack zwischendurch gibt's bei My Berry. Frische Säfte, Smoothies und das beste: „Frozen Joghurts" (ohne Fett) mit wahlweise unterschiedlichen Toppings, wie Himbeeren, Melone, Nüssen etc. *Tgl. | 7, Rue Saint François | Altstadt*

MARCO POLO HIGHLIGHTS

★ **Oliviera**
Bistro, in dem sich alles um die Olive dreht: Südfranzösischer geht es kaum → S. 54

★ **Fenocchio**
Riesige Auswahl und die ausgefallensten Eissorten → S. 55

★ **Le Café de Turin**
Das Mekka schlechthin für Meeresfrüchte → S. 57

★ **La Maison de Marie**
Hier trifft sich, wer die *cuisine niçoise* liebt → S. 58

★ **Terres de Truffes**
Eine Reise in die Welt des Edelpilzes → S. 56

★ **Socca**
Die Spezialität der Stadt gehört zu jedem Nizza-Besuch → S. 59

RESTAURANTS €€€

APHRODITE (136 C4)
Wanted: experimentierfreudige Gäste, die das Außergewöhnliche lieben. Haben Sie sich erkannt? Dann verpassen Sie das Aphrodite nicht. In elegantem Dekor gibt es die neuesten kulinarischen Kreationen von David Faure und dazu seine regionalen Gerichte. Unvergesslich gut. *So/Mo geschl. | 10, Blvd. Dubouchage | Tel. 04 93 85 63 53 | www.restaurant-aphrodite.com | Tramway Jean Médecin*

INSIDER TIPP LE BISTRO GOURMAND (136 C5)
David Vaqué hat sich einen Michelin-Stern erkocht. Zu Recht: Das Essen ist top, mediterran und mit Pfiff zubereitet. Menüs gibt es ab 35 Euro (Mittagsmenü 23 Euro). Absolut empfehlenswert! *So geschl. | 3, Rue Desboutin | Tel. 04 92 14 55 55 | www.lebistrogourmand.fr | Tramway Masséna*

COCO-BEACH ☆ (137 E6)
Restaurant mit Tradition und Meerblick! 1936 eröffnet, hat hier schon Picasso seine Geburtstage gefeiert. Eine wunderbare Fischkarte kombiniert mit Spezialitäten à la niçoise und regionalen Weinen aus den Anbaugebieten der Côtes de Provence. Südfranzösisches Lebensgefühl pur. *So/Mo geschl. | 2, Av. Jean Lorrain | Tel. 04 93 89 39 26 | www.cocobeach.fr | Bus La Réserve*

GOURMETTEMPEL

La Réserve de Nice (137 E5)
1875 als Hotelrestaurant eröffnet, wurde der Restaurantmythos im Jahr 2006 wieder zum Leben erweckt. Die Lage ist etwas Besonderes: Das Gebäude steht auf einem Felsen am Hafeneingang, dahinter öffnet sich der Blick auf die Baie des Anges. Auf der ☆ Panoramaterrasse oder im Gourmetrestaurant, eingerichtet im Art-déco-Stil, bekommen die Gäste serviert, was Küchenchef Sébastien Mahuet aus regionalen Produkten zaubert. Wer Fischsuppe liebt: Die „Bouillabaisse de la Réserve" ist ausgezeichnet! *Tgl. 12–14.30 u. 19–22.30 Uhr | Menü 48–72 Euro | 60, Blvd. Franck Pilatte | Tel. 04 97 08 14 80 | www.lareservedenice.com | Bus La Reserve*

Terres de Truffes ⭐ (136 C5)
Hier regiert die Trüffel. Der Meister des Edelpilzes, Bruno de Lorgues, zaubert in seinem „Boutique-Restaurant" Delikatessen rund um die tolle Knolle. Im Bistro gibt es das Trüffelmenü, in der Boutique Spezialitäten mit dem duftenden Pilz für daheim. *Mo–Sa 12–14.30 u. 19–22.30 Uhr (Boutique 9.30–22 Uhr) | Menü 78 Euro | 11, Rue Saint-François de Paule | Altstadt | Tel. 04 93 62 07 68 | www.terresdetruffes.com*

L'Univers (136 C5)
Sternekoch Christian Plumail kommt aufs Wesentliche: Haute Cuisine à la provençale. Das Lokal ist gemütlich-elegant und die Küche leicht und authentisch, mit persönlicher Note. Die Karte wechselt wöchentlich, dazu gibt es die „Nizzaer Spezialität des Monats". *Di–Fr 12–14 u. 19.45–22, Mo u. Sa 19.45–22 Uhr | Menüs ab 46 Euro | 54, Blvd. Jean Jaurès | Tel. 04 93 62 32 22 | www.christian-plumail.com | Tramway Opéra*

ESSEN & TRINKEN

Le Bistrot d'Antoine: Auch wenn es nicht so aussieht – Sie sollten einen Tisch reservieren!

INSIDER TIPP ▶ DON CAMILLO CRÉATIONS (137 D5)

Mit kreativer Energie rollt Marc Laville die klassische *cuisine niçoise* neu auf. Ungewöhnliche Kombinationen, wie *foie gras* mit Thunfisch, serviert er in seinem modern eingerichteten Restaurant. Es schmeckt einfach köstlich. *So/Mo geschl. | 5, Rue des Ponchettes | Altstadt | Tel. 04 93 85 67 95 | www.doncamillo-creations.fr*

RESTAURANT LUC SALSEDO (136 B5)

Die vielen Stammkunden kommen immer wieder zu Luc Salsedo wegen der gelungenen Mischung aus leichter mediterraner Küche und erlesener Hausmannskost à la niçoise. Für jeden Gang stehen drei bis vier Gerichte zur Wahl; die Karte wechselt alle zehn Tage. Weinkarte mit einer guten Auswahl auch an regionalen Gewächsen. *Do–Di 18.30–22.30 Uhr | 14, Rue Maccarani | Tel. 04 93 82 24 12 | www.restaurant-salsedo.com | Bus Congrès/Joffre*

RESTAURANTS €€

LE BISTROT D'ANTOINE (136 C5)

Ausgezeichnete traditionelle französische Küche zu einem verlockenden Preis-Leistungs-Verhältnis in authentischem Ambiente. *So geschl. | 27, Rue de la Préfecture | Altstadt | Tel. 04 93 85 29 57*

LE CAFÉ DE TURIN ★ ● (137 D4)

Austern schlürfen und Muscheln knacken nach Herzenslust! Seit über hundert Jahren ein Lieblingstreffpunkt der Nizzaer. Lockere Atmosphäre. *Tgl. 8–22 Uhr | 5, Place Garibaldi | Tel. 04 93 62 29 52 | www.cafedeturin.fr | Tramway Garibaldi*

CANTINE BIO DU HI HÔTEL ☺ (136 A5)

Das Hi Hôtel mit seinem Biorestaurant beweist es: „bio" und Top-Design sind kein Widerspruch. In modernem, farbenfrohem Ambiente gibt es Biologisches vom Frühstück bis zum Abendessen. Noch besser schmeckt es an der frischen Luft auf der Terrasse. *Tgl. 7–24 Uhr | 3, Av.*

57

RESTAURANTS €€

Zumindest der optische Genuss ist garantiert: Cantine Bio im Hi Hôtel

des Fleurs | Tel. 04 97 07 26 26 | www.hi-hotel.net | Bus Gambetta/Bottéro o. Alsace-Lorraine

INSIDER TIPP ▶ CHAT NOIR CHAT BLANC
● (136 C5)
Die schattige Parallelstraße zum Cours Saleya lädt nicht zum Verweilen ein. Wäre da nicht das kleine Restaurant von Giorgio und Nico, das wegen Freundlichkeit, Service und vor allem der Qualität unbedingt zu empfehlen ist. Die mediterrane Karte rund um Fisch, Risotto und Gemüse wechselt wöchentlich. Es stehen je drei Vor-, Haupt- und Nachspeisen zur Auswahl. *Di–Sa 19–22.30 Uhr | 20, Rue Barillerie | Altstadt | Tel. 04 93 80 28 69*

CÔTÉ SUD (136 C2)
Auf dem Hügel von Cimiez ist dieses Lokal der perfekte Ausklang nach dem Bewundern der Meisterwerke von Matisse und Chagall. Bei Luc Jaffres bekommen Sie eines der besten Essen in Nizza mit frischen Marktzutaten. *Mo–Fr 7–15, Do/Fr auch 18–22 Uhr | 2, Rue Prof. Maurice Sureau | Tel. 04 93 01 36 40 | Bus Edith Cavell*

IN VINO VÈRITÀ ☯ (136 C5)
Mediterranes Slow-Food in spanischer Bodega-Atmosphäre. Morgens geht Christian Laudy einkaufen; abends steht er am offenen Herd. Nathalie Laudy umsorgt die Gäste mit Service und Weinempfehlungen. *Mo u. Sa mittags/So geschl. | 2, Rue de l'Hôtel de Ville | Altstadt | Tel. 04 93 80 21 64 | www.invinoverita.com*

LE LUNA ROSSA (136 C5)
Wenn man bei der Nähe zu Italien Lust auf italienische Küche bekommt, dann ist das Luna Rossa mit seiner kleinen, tagesaktuellen Karte mit besten Pastagerichten und Fisch ein guter Tipp. Mit Glück bekommt man frittierte Zucchiniblüten oder Hummerrisotto. Reservieren! *Sa mittags, So/Mo geschl. | 3, Rue Chauvain | Tel. 04 93 85 55 66 | Tramway Masséna*

LA MAISON DE MARIE ★ (136 C5)
Einen Katzensprung von der Place Masséna entfernt liegt versteckt in einem schönen Hinterhof das Restaurant mit

58   www.marcopolo.de/nizza

lokaler und provenzalischer Küche. Eine beliebte Adresse von VIPs und Einheimischen, deshalb unbedingt reservieren! *Tgl. | 5, Rue Masséna | Tel. 04 93 82 15 93 | www.lamaisondemarie.com | Tramway Masséna*

LA MERENDA (136 C5)

Dominique Le Stanc, einst Küchenchef im Hotel Négresco, kocht in seinem winzigen Restaurant Nizzaer Spezialitäten und legt Wert auf das Wesentliche: beste Zutaten, gute Rezepte und eine authentische Atmosphäre. Ein echter Tipp. *Sa/So geschl. | 4, Rue Raoul Bosio | kein Tel. | Altstadt*

LES PÊCHEURS (137 D5)

Wo schmeckt Fisch besser als direkt am Hafen? Hier ist man spezialisiert auf Fischgerichte aller Art, liefert Qualität verbunden mit Raffinesse in typischem Marinedekor. Wenn Sie zu zweit sind, sollten Sie eine *bourride* probieren, das typisch provencalische Fischgericht. *Mo u. Di mittags geschl. (Sommer), Mo/Di geschl. (Winter) | 18, Quai des Docks | Tel. 04 93 89 59 61 | www.lespecheurs.com | Bus Lazaret*

LE SAFARI (136 C5)

Eine beliebte Adresse auch bei Einheimischen mitten im bunten Treiben am Blumenmarkt. Aber auch drinnen im Restaurant sitzt man schön. Fisch, Risotto mit Jakobsmuscheln, Pasta und Pizza – im Safari ist die Küche französisch, italienisch und natürlich: *niçoise*. *Tgl. 12–23.30 Uhr | 1, Cours Saleya | Tel. 04 93 80 18 44 | www.restaurantsafari.fr | Altstadt*

LE SÉJOUR CAFÉ (136 B5)

Parkett, graue Polsterstühle, weiße Wände und Regale mit Büchern, Bildbänden, Fotos, Windlichter – modern und wohnlich ist es im Séjour, im Wohnzimmer, eingerichtet. In diesem Ambiente empfängt Familie Geille ihre Gäste zu mediterraner Küche von einer kleinen, feine Karte. *So/Mo geschl. | 11, Rue Grimaldi | Tel. 04 93 27 37 84 | www.lesejourcafe.fr | Bus Alphonse Karr*

RESTAURANTS €

BRASSERIE DE L'UNION (136 B2)

Etwas abseits vom Zentrum gelegen. In einem einfachen Gastraum mit schöner Terrasse echte *cuisine niçoise* unter Ein-

LOW BUDGET

▶ Bestellen Sie zum Essen eine *carafe d'eau* (Leitungswasser) anstelle einer teuren Flasche Perrier – das ist in Frankreich ohnehin überall üblich.

▶ Wenn das Reisebudget zum Sterne-Schlemmen nicht reicht: Fast alle – auch sehr gute – Restaurants haben günstige Mittagsmenüs!

▶ Es muss nicht immer die teure Weinflasche sein. In den *Caves Caprioglio* (s. S. 65) werden Sie nicht schräg angeschaut, wenn Sie sich Ihre leere Wasserflasche mit Vin de Pays in Rot, Weiß oder Rosé füllen lassen. Den Liter für 2,10 Euro!

▶ Nizzas berühmte Kichererbsenfladen ⭐ *socca* gibt es überall für ca. 3 Euro. Hier sind sie besonders gut: *Chez Theresa* (28, Rue Droite), *René Socca* (2, Rue Miralhéti) und *Lou Pilha Leva* (10–13, Rue Collet) in der Altstadt sowie *Chez Pipo* (13, Rue Bavastro) im Hafenviertel.

SPEZIALITÄTEN

▶ **aioli** – Hauptgericht mit Stockfisch, Eiern, Karotten, Kartoffeln und Artischocken, das mit Knoblauchmayonnaise als Dip serviert wird

▶ **estocaficada** – Stockfischeintopf mit Zwiebeln, Tomaten, Knoblauch, Oliven, Paprika, Olivenöl und Kartoffeln

▶ **farcis** – warme Tomaten, Zucchini, Auberginen, mit Hackfleisch gefüllt

▶ **fleurs de courgettes farcies** – mit Hackfleisch, Wurstbrät oder Frischkäse *(brousse)* gefüllte Zucchiniblüten

▶ **merda de can** – der Name des Gerichts bedeutet „Hundekot" – doch es handelt sich um eine Spezialität: Kartoffelgnocchi mit Käse und Mangold

▶ **mesclun** – eine Mischung verschiedener frischer, junger Blattsalate

▶ **pissaladière** – Zwiebelkuchen mit Sardellenfilets und schwarzen Oliven (Foto re.)

▶ **pistou** – Sauce aus Basilikum, Knoblauch und Olivenöl. Wird mit Gnocchi oder Ravioli serviert oder zu einer Gemüsesuppe *(soupe au pistou)* gereicht

▶ **porquetta** – mit Zwiebeln, Knoblauch und Kräutern gefülltes Spanferkel

▶ **poutine** – die jungen Sardellen werden von Januar bis März gefangen. Die Nizzaer essen sie im Teigmantel, im Omelett oder pochiert mit einem Schuss Olivenöl und Zitronensaft

▶ **salade niçoise** – Salat aus Paprika, Tomaten, Sellerie, Eiern, schwarzen Oliven, Zwiebeln, Artischocken und jungen dicken Bohnen (Foto li.). Das Ganze gibt es auch im Weißbrot als *pan-bagnat*

▶ **socca** – ein öliger, safrangelber Kichererbsenfladen, der in einer Kupferpfanne gebacken wird. Isst man heiß und gepfeffert direkt aus der Hand

▶ **tapenade** – schwarze Olivenpaste mit Anchovis, Kapern und Olivenöl

▶ **tourte de blettes** – süße Teigtasche, gefüllt mit Mangold, Rosinen und Pinienkernen

heimischen: *pissaladière, raviolis niçois,* Stockfisch und und und. Sehr freundlicher Service. *Do–Mo 8–21, Di 8–15 Uhr | 1, Rue Michelet | Tel. 04 93 84 65 27 | Tramway Valrose Université*

BRASSERIE LA NATION ● (137 D4)
Im Normalfall sind Restaurants an schönen Plätzen die Touristenfallen schlechthin. Dieses ist eine Ausnahme: Hier treffen sich Anwohner und eingesessene

ESSEN & TRINKEN

Nizzaer. Besonders zu empfehlen: der *salade niçoise,* der hier „La Provençale" heißt. *So geschl. | 14, Place Garibaldi | Tel. 04 93 26 65 66 | Tramway Garibaldi*

LA CANTINE DE LULU ● (136 C4)
Alles andere als eine Kantine! Der Inbegriff von südländischer Gemütlichkeit. *Cuisine niçoise* mit erlesenen Zutaten. Als Dessert dürfen Sie sich die „Promenade des Anglais", einen Schokokuchen mit Orangen und Vanillesauce, nicht entgehen lassen. *Sa/So geschl. | 26, Rue Alberti | Tel. 04 93 62 15 33 | Tramway Masséna*

CHARLOTTE (136 C4)
Genau das Richtige für eine Auszeit vom Großstadttrummel ist mittags der Besuch in Charlottes Bistro mit den rot-weiß karierten Tischdecken. Sie bekocht ihre Gäste mit frischen Zutaten vom Markt. Ohne Karte, die Gerichte à la française wechseln täglich. Abends reservieren. *Mo–Do abends, So geschl. | 30, Rue Alberti | Tel. 04 93 76 84 97 | Tramway Masséna*

AU PETIT GARI (137 D4)
Der Stil „Bistro", die Küche französisch – das ist das kleine Restaurant, in dem Marc am Herd und Dimitri im Service ihre Gäste verwöhnen. *So geschl. | 2, Place Garibaldi | Tel. 04 93 26 89 09 | www. aupetitgari.com | Tramway Garibaldi*

RESTAURANT DU GESU ● (137 D5)
Der schattige Altstadtplatz ist im Sommer ideal für eine Pause beim Bummeln. In dem einfachen, immer vollen Restaurant sind Pizza und Nizzaer Spezialitäten wie Gnocchi und Ravioli mit *pistou* (Kräutersauce) oder *daube* (Fleischsauce) der Renner. *So geschl. | 2, Place Jésus | Altstadt | Tel. 04 93 62 26 46*

20 SUR VIN (136 C4)
Eine Weinflasche als Speisekarte: Auberginencarpaccio mit Schafskäse, Entenbrust, Käse und Oliven. Freundlicher Service und eine sonnige Terrasse. *Mo–Sa 12–14.30 u. 19–22 Uhr | 18, Rue Biscarra | Tel. 04 93 92 93 20 | Tramway Jean Médecin*

LA VOIX DE SON MAÎTRE (136 B5)
Ein Frankreichaufenthalt ohne Crêpes; nicht auszudenken! Hier schmecken sie, und dazu kann man sie unter freiem Himmel an der Place Grimaldi essen. *So geschl. | 3, Place Grimaldi | Tel. 04 93 82 28 47 | Tramway Masséna*

Hier spielt der Wein eine Hauptrolle: Bistro-Atmosphäre im Vingt sur Vin

EINKAUFEN

Bild: Galerie Ferrero

CITY WOHIN ZUERST?
Delikatessen, Klamotten oder Produkte mit dem Etikett „typisch Südfrankreich" – für alles gibt es die richtige Shoppingecke. Und alle liegen relativ dicht beisammen. Alles rund ums Essen und Genießen kauft der Niçois auf dem Markt am **Cours Saleya (136 C5)** und in den Gassen drum herum. Hier findet sich auch das, was ins Souvenirtäschchen wandert: Kräuter, Lavendelhonig, Olivenöl und Seifen. Die großen Modeketten versammeln sich auf der **Avenue Jean Médecin**; kleine Boutiquen gibt es in den Straßen um die **Rue Alphonse Karr**.

Bunt und vielfältig ist das Einkaufsvergnügen in Nizza: Gourmets werden den Bummel über die Märkte und durch die Gassen lieben! Kleine Delikatessenläden sind an jeder Ecke zu finden. Feinste Olivenprodukte, Käse, Kräuter, Honig und Konfitüren aus den Früchten und Blüten der Region werden von ihren Herstellern mit Liebe und Leidenschaft verkauft.

Der italienische Einfluss auf die *cuisine niçoise* zeigt sich auch in der großen Anzahl italienischer Delikatessgeschäfte: An den Wochenenden stehen die Einheimischen Schlange, um frische Pasta aller Art zu kaufen. Für Antikes und Kunst begeben Sie sich am besten in die Rue Catherine Ségurane und die Rue Droite. Und immer wieder montags verwandelt

Von Armani bis Zitronenconfit – Nizzas Einkaufsstraßen sind für alle da: für Kunst- und Modefreaks, Bummler und Gourmets

sich der Cours Saleya in einen bunten Antik- und Trödelmarkt. Leider wimmelt es in der Altstadt auch von geschmacklosen Andenken- und Klamottenläden.

Von der Alt- in die Neustadt: Der Stolz der Stadt ist die Fußgängerzone, die Avenue Jean Médecin. Früher eine im Verkehr erstickende Einkaufsstraße, darf hier heute nur noch die Straßenbahn verkehren. Hier finden sich Geschäfte aller Art – von Boutiquen über Musik- und Buchhandlungen bis hin zur überaus beliebten Shoppingmall Nicetoile. Auch die Rue Masséna ist mit ihren Geschäften und Cafés zum Bummeln bestens geeignet. Und da Nizza an der Côte d'Azur liegt, sind natürlich auch die Edelmarken der Modewelt vertreten: zu finden in den Straßen rund um die Rue Paradis.

BUCH, PAPIER & STIFT

CREUTZ ET FILS (136 C4)
Es gibt sie noch – die Orte, an denen Schreibkultur zelebriert wird. Das hier ist so einer: Seit 1896 ist Creutz et Fils der

DEKO & LIFESTYLE

Spezialist für edle Füller und Schreibutensilien aller Art. Eine alte hölzerne Ladeneinrichtung, Schubladen voller Federn und Tinte; und es bleibt die Lust, mal wieder einen Brief zu schreiben. *So/ Mo und mittags geschl. | 19, Rue Hôtel des Postes | Tramway Masséna*

hat sich das Geschäft auf Kartografie, Zeichen- und Papierbedarf und die traditionellen provenzalischen Krippenfiguren „Santons de Provence". *So geschl. | 5, Rue Alexandre Mari | Altstadt*

DEKO & LIFESTYLE

L'AIR DE RIEN (136 C5)
Alle Gegenstände sind nützlich. Aber sie sind auch bunt und lustig. Wenn Sie ein originelles Geschenk suchen, sind Sie hier richtig: Die kultigen Aufbewahrungsdosen mit dem Schreibschriftzug von „100drine" gibt es hier genauso wie farbenfrohe Schürzen, Lätzchen und Handtücher. *Tgl. 13–19 (Winter), Mo–Sa 14–24 Uhr (Sommer) | 22, Rue Benoit Bunico | Altstadt | www.lairderien06.com*

Alziari: Neben vielen Olivensorten gibt es hier auch beste Öle aus der Frucht

BAOBAB (136 C5)
Buntes Gemisch aus Wohnaccessoires von europäischen und afrikanischen Designern. Es gibt alles, von Schalen und Körben über Bilderrahmen bis hin zu einer kleinen Auswahl an Klamotten. *So geschl. | 10, Rue du Marché | Altstadt*

CABANE (136 C5)
Designboutique in der Altstadt mit Kleidung, hochwertigen Heimtextilien und Accessoires internationaler Hersteller – „Toms"-Schuhe aus Amerika, Decken von „Album di Famiglia" aus Italien und edle Schals aus Indien. *So geschl. | 19, Rue de la Préfecture | Altstadt*

LIBRAIRIE MASSENA (136 C4)
Wer sich mit französischer Literatur eindecken, Koch-, Kunst- oder Kinderbücher erstehen möchte, ist in dieser gut aufgestellten Buchhandlung an der richtigen Adresse. *So geschl. | 55, Rue Gioffredo | www.librairiemassena.com | Tramway Garibaldi*

NATURA DESIGN ◯ (136 B5)
Naturmaterialien und -fasern wie Holz, Stein, Bambus und Ananas, verarbeitet zu modernen, geschmackvollen Einrichtungsaccessoires, in einem kleinen Laden, nur ein paar Schritte von der Promenade entfernt. *So u. Mo morgens geschl. | 4, Rue du Congrès | www.naturadesign.fr | Bus Congrès*

PAPETERIE RONTANI (136 C5)
Seit 150 Jahren ist die Papierwarenhandlung in Familienbesitz. Dementsprechend ist das Betreten des Ladens wie ein kleiner Zeitsprung. Spezialisiert

EINKAUFEN

VERRE TIGE (136 C5)
Diese Boutique bietet in der Region die größte Auswahl an handwerklichen Glasprodukten. Geschenke und Schmuck aus Glas und Kristall? Hier werden Sie fündig. Zudem stellt die Glaserei Produkte nach vorgegebenen Maßen und Farben her. *So geschl. | 1, Rue Alexandre Mari | Altstadt | www.verretige.fr*

DELIKATESSEN

ALZIARI ⭐ (136 C5)
Mitten in der Altstadt liegt seit 1936 das Olivenparadies der Familie Alziari. Das Öl in der blau-gelb gemusterten Dose stammt aus der einzigen heute noch aktiven Ölmühle Nizzas, zu besichtigen auf den Hügeln von Nizza. Oliven, Olivenöle, Tapenaden, aber z. B. auch Seife mit Olivenöl und noch vieles mehr! *So u. mittags geschl. | 14, Rue Saint-François de Paule | Altstadt | www.alziari.com.fr*

L'ART GOURMAND ⭐ (136 C5)
Süße Verlockung! Schokolade, Kuchen, Eis, provenzalische Spezialitäten – köstlich! Vor allem die schier unglaubliche Auswahl an hausgemachten Keksen ist beeindruckend: Kokos-Schokolade, Mandel-Nougat, Apfel-Rosinen und und und. Der Laden ist ein Schmuckstück, und die Süßigkeiten verführerisch gut. *Tgl. | 21, Rue du Marché | Altstadt*

CAVES CAPRIOGLIO (136 C5)
Ein Paradies für Weinliebhaber und eine Institution seit 1910. Weinregale bis unter die Decken. *Mo u. mittags geschl., So nur morgens offen | 16, Rue de la Préfecture | Altstadt | cavescaprioglio.free.fr*

MAISON AUER (136 C5)
Seit fünf Generationen *der* Name, wenn es um Süßwaren à la niçoise geht. Kandierte Früchte, Schokolade, Kuchen, Ca-lissons, glasierte Maronen, Konfitüren: Alles, was süß ist, wird in diesem an sich schon sehenswerten, im üppigen Florentiner Stil gehaltenen Laden verkauft. *So/Mo u. mittags geschl. | 7, Rue Saint-François de Paule | Altstadt | www.maison-auer.com*

À L'OLIVIER (136 C5)
Hier finden Sie alles rund um die Olive – von Olivenseife und -creme über Olivenschälchen bis hin zu ausgefallenen Olivenölsorten – inklusive Degustation. *Mittags geschl. | 7, Rue Saint-François de Paule | Altstadt | www.alolivier.com*

INSIDER TIPP ▶ O' QUOTIDIEN ☺ (137 D4)
„Jedes Produkt hat seine Geschichte", schwärmt Carlo Molineros, in dessen Regalen Weine, Öle und Honig aus biologischem Anbau stehen. Angebaut und hergestellt von Bauern aus Südfrankreich und Italien, die Molinero alle persönlich kennt und bei denen er seine Waren direkt einkauft. Dazu gibt es ein kleines *Bis-*

MARCO POLO HIGHLIGHTS

⭐ **Alziari**
Oliven, Olivenöl, Tapenade? Besuchen Sie Nizzas älteste Ölmühle → S. 65

⭐ **L'Art Gourmand**
Ein Eldorado für Süßigkeitenfans → S. 65

⭐ **Galerie Ferrero**
Die älteste Galerie für zeitgenössische Kunst in Nizza → S. 66

⭐ **Blumenmarkt**
Blumen, Blumen, Blumen – und gleich nebenan Obst und Gemüse → S. 69

KAUFHÄUSER

tro mit einem Mittagsmenü für 15 Euro. Bio, versteht sich. *So/Mo geschl. | Tramway Garibaldi*

LE PALAIS DES THÉS (136 C5)

Das ist wahrhaftig ein Teepalast! Über 250 Teesorten aus 20 Ländern, darunter auch ☺ Tee aus biologischem Anbau, Teekonfitüre, Teebonbons und alles, was man zur Teezubereitung und zum stilvollen Teetrinken braucht. *So geschl. | 3, Rue de la Liberté | www.palaisdesthes.com | Tramway Masséna*

INSIDER TIPP ► PATISSERIE SERAIN CAPPA (137 D4)

Die Pralinen und Kuchen des preisgekrönten Serge Serain sind hausgemacht. Wenn Sie seine Frau Valérie ganz freundlich fragen, dürfen Sie auch ein Auge auf die Herstellung in der Werkstatt oberhalb des Ladens werfen. Im *Salon de Thé* nebenan können Sie die Leckereien, wie z. B. die ausgezeichnete Schokocreme *marquise*, kosten. *Mo geschl. | 7, Place Garibaldi | Tramway Garibaldi*

KAUFHÄUSER

CENTRE COMMERCIAL NICE TNL (137 D3)

Etwa 60 Geschäfte und Restaurants sowie ein Supermarché unter einem Dach erwarten Sie zum Shoppen mitten im Zentrum Nizzas, wenige Schritte vom Kongresszentrum Acropolis entfernt. *So geschl. | 15, Blvd. Delfino | www.nicetnl.com | Tramway Palais des Expositions*

GALERIES LAFAYETTE (136 C5)

Das legendäre Kaufhaus, das 1893 in Paris eröffnet wurde, hat im Herzen Nizzas an der Place Masséna eine repräsentative Dependance. Hier findet sich wirklich alles, was das Shopperherz so begehrt, vor allem Mode. *So geschl. | 6, Av. Jean Médecin | www.galerieslafayette.com | Tramway Masséna*

NICETOILE (136 C4)

Einkaufszentrum mit ungefähr 100 Geschäften rund um Mode, Einrichtung, Geschenke, Sport und Freizeit auf vier Ebenen. Dazu diverse Bars, Brasserien und Bistros für einen Mittagssnack. *So geschl. | 30, Av. Jean Médecin | www.nicetoile.com | Tramway Jean Médecin*

KUNST

ATELIER GALERIE SYLVIE T (137 D5)

Wollen Sie ein originelles Souvenir aus Nizza mit nach Hause nehmen? Die Galerie gegenüber vom Palais Lascaris hat für jedes Portemonnaie etwas zu bieten: Die Künstlerin verkauft ihre Werke in chinesischer Tinte oder Aquarellfarben als Original; es gibt aber auch sehr hübsche Repros auf Postkarten oder Lesezeichen. *So/Mo geschl. | 14, Rue Droite | Altstadt | www.sylvie-t.com*

GALERIE FERRERO ★ (136 B5)

Guillaume Aral kennt sich aus. In seiner Galerie präsentiert er neben den Stilrichtungen der Nizzaer Schule und des Neuen Realismus – Arman, Ben, César, Christo, Mas, Moya – auch Werke großer Meister wie Dali oder Picasso und junge Künstler, die was draufhaben. Die Galerie Ferrero – ein kleines MAMAC ohne Eintritt – sollten Sie nicht verpassen! *So/Mo und mittags geschl. | 2, Rue du Congrès | www.galerieferrero.com | Bus Congrès*

MODE

CAFÉ COTON (136 B4)

Hier sind die Männer am Zug: Hemden, so weit das Auge reicht – in klassisch Hellblau, fein gestreift oder kariert. Außerdem Krawatten, Poloshirts, Pullis und

EINKAUFEN

Hosen. *So/Mo geschl. | 5, Rue de Longchamp | www.cafecoton.com | Tramway Masséna*

INSIDER TIPP ▶ CHEZ TOM ET LÉA
(136 C5)

Ein kleines Paradies für Kinder, Mütter und Omas: Rund um ein bunt bemaltes altes Fischerboot drapieren sich ausgefallene Haarspangen, Sonnenmützen,

DESERT (136 B4–5)

Als modebewusst, authentisch und diskret beschreibt Inhaberin Françoise Schapira ihre Kundinnen. Die Kollektionen in den beiden Boutiquen kommen ohne Schnickschnack aus, Naturfarben dominieren, und die Accessoires – Schals, Schmuck, Strümpfe und Taschen – sind zeitlos schön. *So geschl. | 1, Rue Alphonse Karr*

Custo: Tangas und T-Shirts, Hänger und Hemden, Blusen und Blousons aus Barcelona

bunte Gummistiefel, Schürzen, Taschen, Holzspielzeug, Stofftiere, Puppen, Marionetten und viel, viel mehr. Hier wird jede(r) fündig! *So geschl. | 9, Rue de la Boucherie | Altstadt | www.cheztometlea.canalblog.com*

CUSTO (136 C5)

Mode aus Südeuropa – bunt, extravagant, einfach ein Hingucker! Genau das Richtige für ein Shoppingerlebnis in Sommer-Sonne-Urlaubslaune. *So geschl. | 23, Rue de la Préfecture | Altstadt | www.custo-barcelona.com*

L'UNE ET L'AUTRE (136 B5)

Moderne Boutique, die exklusiv für Nizza Designerklamotten von Bash, Plain Sud, Iro, Sylvia Rielle anbietet. Dazu gibt es Schmuck von verschiedenen Designern. *So geschl. | 3, Rue Alphonse Karr | Tramway Masséna*

PARFUM & KOSMETIK

COMPAGNIE DE PROVENCE (136 C5)

Die Seife von Compagnie de Provence kommt aus der Seifenmetropole Marseille. Die Geschichte der berühmten

SCHMUCK & ACCESSOIRES

Seife aus Marseille geht bis ins 14. Jh. zurück. Hier kommt die Seife als modern designtes Produkt daher. Darüber hinaus Shampoos, Lotions, Duschgels & Co in schicken Flaschen und bunten Farben sowie eine 😊 Bio-Organic-Linie aus zu 100 Prozent natürlichen Inhaltsstoffen. *Tgl. | 7, Rue Saint-François de Paule | Altstadt | www.compagniedeprovence.com*

LA MAISON DES PLANTES 😊 (136 C5)
Stadtbekannter Kräuterladen: In den grünen Apothekerschubladen, eingerahmt von Jugendstilkeramiken, verstecken sich um die 550 Heil- und Aromakräuter, -extrakte und -öle. *Mo–Sa mittags 9–12 u. 14–19 Uhr | 20, Rue Gubernatis | www.maisondesplantes.fr | Tramway Masséna*

LOW BUDGET

▶ Auf dem berühmten *Blumenmarkt (Cours Saleya)* **(136 C5)** kauft man nicht nur Blumen … und kurz vor Marktschluss ist alles am günstigsten. Dann ist die beste Zeit, um sich mit Verpflegung für ein Strandpicknick einzudecken!

▶ Souvenirs gibt es auf dem Markt und in den Gassen der Altstadt: Seifen in allen Variationen, Lavendelsäckchen, Kräuter der Provence und Spezialitäten aus Oliven (z. B. Tapenaden) sind nizzatypisch und erschwinglich.

▶ Soldes! In Frankreich findet im Januar und im Juli noch ein richtiger Schlussverkauf statt. Und das jeweils fünf Wochen lang. Mit Reduzierungen von bis zu 70 Prozent.

MOLINARD (136 C5)
Nicht weit von Nizza, in Grasse, liegt das südfranzösische Mekka der guten Düfte. Seit 1849 werden dort bei Molinard, heute noch ein Familienbetrieb, Parfums kreiert, darunter das renommierte „Habanita". In der Nizzaer Dependance können Sie sich mit Düften und Körperpflegeprodukten eindecken. *April–Okt. tgl.; Nov.–März So u. mittags geschl. | 20, Rue Saint-François de Paule | Altstadt | www.molinard.com*

L'OCCITANE (136 C5)
Ob Raumdüfte, Zitrone-Verbene-Duschgel oder Grüner-Tee-Handcreme – die Produkte von Occitane riechen nach Süden und sind außerdem aus hochwertigen Inhaltsstoffen hergestellt. *Tgl. | 8, Rue Masséna | www.loccitane.com | Tramway Masséna*

SCHMUCK & ACCESSOIRES

LES NÉRÉIDES (136 B5)
Von klassisch bis modern, Silberschmuck, blumige, poetische Themen: Fürs kleine wie fürs größere Budget kreiert Les Néréides jede Saison von Neuem fantasievollen Schmuck. Heute mit dem Stammhaus in Paris und über die Welt verteilt, gründeten Pascale und Enzo Amaddeo die Marke 1980 in Nizza und eröffneten ihren ersten Laden in der Rue Paradis – passend zu ihren Kreationen. *So geschl. | 12, Rue du Paradis | www.lesnereides.com | Tramway Masséna*

LE PALAIS D'OSIER (136 C5)
Zum Bummel über den Blumenmarkt fehlt noch das richtige Accessoire? Ein Weidenkorb zum Beispiel? Wer typische Marktkörbe und -taschen liebt, der findet sie in dieser Korbflechterei. Echtes Handwerk zum Anschauen. *So geschl. | 3, Rue de la Préfecture | Altstadt*

EINKAUFEN

INSIDER TIPP ▶ PÔLE SUD (136 B5)
Schmuck aus dem Süden mit Kreationen von Gas Bijoux aus Saint-Tropez oder Reminiscence gibt es bei Pôle Sud. Ob in sanften Pastelltönen, üppig mit Perlen und Gold, in sommerfrischem Türkis oder aber in schlichtem Silber – hier gibt es Schmuck für alle Geschmäcker, jedes Budget und jedes Alter. *So geschl. | 22, Rue de la Liberté | Tramway Masséna*

WOCHENMÄRKTE

COURS SALEYA (136 C5)
Auf dem Cours Saleya finden die ganze Woche über verschiedene Märkte statt: Der berühmte ★ *Blumenmarkt (Di/Do/Fr 6–17.30 Uhr, Mi/Sa 6–18.30 Uhr, So u. Feiertage 6–13.30 Uhr)* von Nizza ist ein Fest der Farben. Von einem der umliegenden Cafés aus lässt sich das bunte Treiben in aller Ruhe beobachten. Der Blumenmarkt geht in den *Obst- und Gemüsemarkt (Di–So 6–13.30 Uhr)* über, auf dem sich frische Produkte ebenso wie provenzalische Spezialitäten finden. Einmal in der Woche treffen sich die Händler, um ihre Stücke auf dem *Antik- und Trödelmarkt (Mo 8–17.30 Uhr, außer vor Feiertagen)* feilzubieten. Kunstbegeisterte können in den Sommermonaten unter freiem Himmel auf dem *Kunstmarkt (Juni–Sept. Di–So 18–0.30 Uhr)* an den Ständen mit Kunstwerken verschiedenster Art vorbeischlendern.

PLACE DU GÉNÉRAL DE GAULLE (136 B3)
Nur ein paar Stationen mit der Tram, und Sie finden ein Markttreiben abseits vom touristischen Rummel. Auf dem Platz gibt es frisches Gemüse und Obst; in einer kleinen Markthalle Käse, Fisch und Fleisch. Lust auf einen kleinen Socca-Snack? Dann sind Sie im **INSIDER TIPP ▶** *Socca Tram (6, Av. Alfred Borriglione)* an der richtigen Adresse. *Di–So 6–12.30 Uhr | Tramway Libération*

PLACE DU PALAIS (136 C5)
Nur wenige Schritte vom Cours Saleya liegt die Place du Palais mit ihren Märkten: Liebhaber alter Bücher kommen beim *Büchermarkt (1. und 3. Sa im Monat 8–18 Uhr)* auf ihre Kosten. Der Kunst-

Cours Saleya: Nachdrucke alter Werbeplakate sind ein dekoratives Souvenir

markt findet am *2. Sa im Monat 8–18 Uhr* statt. Wahre Schmuckstücke findet man unter den alten Postkarten beim *Postkartenmarkt (4. Sa im Monat 8–18 Uhr)*.

PLACE SAINT-FRANÇOIS (137 D5)
Auf dem versteckten kleinen Altstadtplatz findet der morgendliche *Fischmarkt (Di–So 6–13 Uhr)* statt. Rund um den Delphinbrunnen verkaufen die Fischer frisch gefangenen Fisch und Meeresfrüchte.

AM ABEND

🏙 WOHIN ZUERST?

Der Abend beginnt in der **Altstadt**. Hier gibt es Bars für jedes Alter, jeden Geschmack und jede Jahreszeit. Besonders beliebt ist **Les Distilleries Idéales (136 C5)**, die fast rund um die Uhr gut besucht ist. Im Sommer sollten Sie den Aperitif in einer der Strandbars nehmen. Von hier ist es nicht weit in eines der vielen Restaurants, in ein Theater, eine Jazzkneipe oder sogar in die Oper. Wer danach noch weiterziehen möchte, findet rundherum Bars und Kneipen. Am längsten wird im **High Club** auf der Promenade des Anglais gefeiert.

Wenn die Liegen aufgestapelt werden, die Geschäfte ihre Türen schließen und die Bars und Restaurants öffnen, beginnt das Nachtleben von Nizza. Bars, Clubs, Jazzkneipen – Nizza, Côte-d'Azur-Metropole und Studentenstadt, hat von alternativ bis vornehm alles im Programm.

Und natürlich kommt auch die Kultur nicht zu kurz. Die Oper lockt mit Prunk, Samt und hochkarätigen Vorstellungen; aber auch kleine, versteckte Kellertheater sorgen mit Kleinkunst und Chansons für einen gelungenen Abend. Und danach schläft die Stadt noch lange nicht – ein Snack unter freiem Himmel, ein Cocktail in einer Bar oder ab in einen der Clubs, in denen es meist erst am späten Abend richtig losgeht.

Bild: Bliss Bar

Wenn die Sonne untergeht, beginnt in Nizza das Nachtleben – Champagner und Cocktails, Jazz und Unterhaltung

Mitte Mai beginnt die Sommersaison: Ab jetzt spielt sich wie in den meisten südlichen Ländern das Leben fast ausschließlich draußen ab, auch nachts. Hunderte von Open-Air-Konzerten und -Theaterstücken sowie Feuerwerke der Superlative stehen auf dem Eventkalender.

BARS

AKATHOR (136 C5)
Tagsüber Blumenmarkt, abends Partystimmung im Akathor direkt am Cours Saleya. Livemusik ab 22.15 Uhr, Tapas für den kleinen Hunger. Wichtige Sportevents laufen auf einem Großbildschirm. *Tgl. 17.30–2.30 Uhr | 32, Rue Cours Saleya | Altstadt | www.akathor.com*

BLISS BAR ★ (136 C5)
Hier trifft sich das junge Szenepublikum Nizzas. Wechselnde DJs legen auf, schicke, moderne Lounge-Einrichtung, immer voll und immer gute Stimmung. *Di–Sa 18–0.30 Uhr | 12, Rue de l'Abbaye | Altstadt*

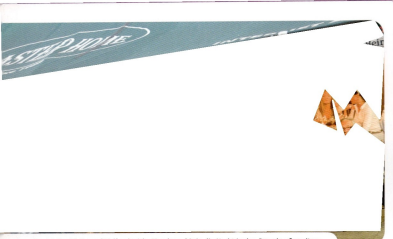

Das ist das Schöne an Südfrankreich: Man kann bis in die Nacht in den Bars draußen sitzen

LA BODEGUITA DE HAVANA (136 B4)
Kuba-Feeling an der Côte d'Azur! Salsa, Groove und Reggae – volle Tanzfläche, Restaurant (€–€€) und Bar auf zwei Etagen. Und das alles in einem Gebäude aus Stahl von Gustave Eiffel. Dienstags und mittwochs Salsa-Unterricht. *Di–So 19–2.30 Uhr | 14, Rue Chauvin | Tel. 04 93 92 67 24 | Tramway Masséna*

INSIDER TIPP L'EFFERVESCENCE (137 D5)
Nach Stationen in Cannes und New York verwirklichte Julien Bosio seinen Traum in Nizzas Altstadt: die Loungebar L'Effervescence („das Sprudeln"). Ein Glas Champagner im Gewölbekeller zusammen mit feinen Häppchen, *foie gras* oder, ganz nach französischer Art, Käse. *Di–Sa ab 18 Uhr | 10, Rue de la Loge | Altstadt | Tel. 04 93 80 87 37 | www.leffervescence-nice.com*

LE GOSSIP BAR (137 D4)
Moderne Bar mit Sofas, Sesseln und Kaminfeuer ganz in der Nähe der Place Garibaldi. Hinsetzen, Mojito bestellen und den Abend genießen. Ein DJ sorgt für Musik. Gayfriendly! *Tgl. 17–2 Uhr | 7, Rue Bonaparte | Tramway Garibaldi*

HARD ROCK CAFÉ (136 B5)
Interessant für alle Hard-Rock-Café-Fans. Im Herbst 2013 hat nach Paris das zweite Café in Frankreich eröffnet. Direkt an der Promenade, auf zwei Etagen, Terrasse, Restaurant (€), Bar und Shop – alles, was dazugehört. *Bar: So–Do 11–0, Fr/Sa 11–1 Uhr; Restaurant: So–Do 8.30–0, Fr/Sa 8.30–1 Uhr | 5, Promenade des Anglais | Tel. 04 93 62 71 80 | www.hardrock.com | Tramway Masséna*

LE PURE (136 C5)
Ob zum Apéritif oder einem Cocktail zu späterer Stunde – hier sind Sie für beides richtig. Besonders alle über dreißig können sich wohlfühlen, denn das ist das Publikum, das sich im Le Pure trifft. *Di–So 18.30–2 Uhr | 2, Rue Raoul Bosio | Altstadt*

SHADOW BAR (136 C5)
Retrostil in Weinrot, Partystimmung am Wochenende. Lassen Sie sich nicht von

der geschlossenen Tür mit dem Klingelknopf abschrecken! *Mi–So 22–2.30, Fr/ Sa auch 4.30–8.30 Uhr | 12, Rue Benoit Bunico | Altstadt*

SMARTIES (137 D4)

Etablierte Loungebar im 70er-Jahre-Stil mit wechselndem Musikprogramm. Eine beliebte Adresse bei Einheimischen. *Di–So 17–0.30 Uhr | 10, Rue Défly | nicesmarties.free.fr | Tramway Garibaldi*

SNUG & CELLAR BAR (137 D5)

Ein Gastropub in den Gassen von Nizza. Ob an der Bar, auf der Straße im Sommer oder im Gewölbekeller im Winter. Ob für einen Drink, einen Snack oder ein Menü (gutes Essen, €–€€) – alles geht. *Tgl. 12–24 Uhr | 22, Rue Droite | Altstadt | Tel. 04 93 80 43 22 | www.snugandcellar.com*

BOWLING

BOWLING DE NICE (137 D3)

Auf 3000 m² Spaß im Herzen Nizzas: 24 Bowlingbahnen und 9 Billardtische, ein Restaurant *(tgl. ab 12 Uhr | €)* mit überdachter Terrasse und einem Pub. *Mo–Fr 13–2.30, Sa/So 10–2.30 Uhr | 5, Esplanade Kennedy | Tel. 04 93 55 33 11 | Tramway Acropolis*

CLUBS

LE GHOST (136 C5)

Der Hotspot für Elektro-Sounds. Das aktuelle Programm gibt's auf der Homepage, dazu wechselnde DJs, die mit Musik von Elektro bis Funk für gute Stimmung sorgen. *Di–So 22–2.30 Uhr | 3, Rue Barillerie | Altstadt | www.leghost-pub.com*

HIGH CLUB. STUDIO 47 (136 A–B5)

Mehr als ein Club! *High Club* – stylish, jung; jeden Freitag sorgen angesagte nationale und internationale DJs für lange Schlangen am Eingang (Programm siehe Homepage). *Studio 47* – schicker, feiner, für alle ab 30. Hier tauchen auch schon mal Stars wie Jean Dujardin auf. Für den Nachthunger stehen Sandwichs, Sushi und Panini bereit, ab 3 Uhr gibt es Kaffee, Tee und Croissants. Und als Andenken an eine gelungene Partynacht können Sie in der Clubboutique T-Shirts und Hemden erwerben. *Fr/Sa 23–5 Uhr | 45, Promenade des Anglais | www. highclub.fr | Bus Gambetta/Promenade*

JAZZ ROCK CAFÉ (136 C5)

Nachtclub an der Promenade. Regelmäßig Partys, zwei Säle und im Sommer eine Terrasse zum Meer. Publikum unter 30; Infos bei Facebook. *Do–Sa 22.30– 4 Uhr | 73, Quai des États-Unis | Altstadt*

⭐ **Bliss Bar**
Junger, angesagter Altstadt-Treff
→ S. 71

⭐ **Le Bar des Oiseaux**
Nizzas Jazz-, Restaurant- und Chansonbar par excellence!
→ S. 74

⭐ **Les Distilleries Idéales**
Alteingesessene Kneipe – ursprünglich und gut → S. 76

⭐ **Ma Nolan's**
Irish Pubs und Sportsbars gibt es in Nizza viele – diese hier ist die beste → S. 76

⭐ **La Trappa**
„Tapas im Trappa" genießen, dazu eine Riesenauswahl an Cocktails – das Ganze in geschmackvollem Interieur hinter alten Mauern → S. 76

MARCO POLO HIGHLIGHTS

JAZZ

PINK ROOM (136 C5)
House, Lounge in rosarotem Ambiente? Dann auf in den Pink Room, einen der glamourösesten Clubs der Stadt. *Di–Sa 20–2.30 Uhr | 11, Rue Alexandre Mari | Tramway Masséna*

im provenzalischen Stil und das Theater nebenan gegründet. Kulinarische Spezialitäten bei Livemusik an allen Freitag– und Samstagabenden. Lokales Publikum, authentische Stimmung. *Di–Sa 12–14 u. 19.30–23 Uhr | 5, Rue Saint-Vin-*

Am Saxofon: Dimitri Shapko, Besitzer der gleichnamigen Bar und begeisterter Jazzer

LE VOLUME (137 D4)
Pop, Rock, Punk und Chanson – da sollte für jeden etwas dabei sein. Das Programm an Livemusik ist groß, und die Natursteinwände der angeschlossenen Bar sind Ausstellungsort für lokale Künstler und Fotografen. *Mi/Do 20–0.30, Fr/Sa 20–1.30 Uhr | Eintritt 2 Euro | 6, Rue Défly | Tel. 04 93 26 75 20 | Tramway Garibaldi*

JAZZ

LE BAR DES OISEAUX ★ (136 C5)
Eine Nizzaer Institution, wenn es um Jazz und Chansons geht. Die Schauspielerin Noëlle Perna hat die Restaurantbar

cent | Altstadt | Tel. 04 93 80 27 33 | www.bardesoiseaux.com | €–€€

CAVE ROMAGNAN (136 B4)
Eine der ältesten Weinkneipen Nizzas, wechselnde Ausstellungen lokaler Künstler – und das Beste: jeden Samstag von 19 bis 21 Uhr Apéro-Jazz live! *Mo–Sa 7.30–14 u. 16–21 Uhr (Sa bis 22.30 Uhr) | 22, Rue d'Angleterre | caveromagnan.free.fr | Tramway Jean Médecin*

CAVE WILSON (136 C4)
Im Cave Wilson dreht sich alles um Wein und Jazz. An zwei Abenden in der Woche wird live aufgespielt. Dazu gibt es selbstverständlich Wein und französische Bis-

troküche (€–€€). *Mo 16–23, Di–Fr 10–14 u. 17–23, Sa 12–23, So 18–22 Uhr | 16, Rue Gubernatis | Tel. 04 93 85 33 10 | www.cave-wilson.com | Tramway Opéra/Vieille Ville*

INSIDER TIPP ► **SHAPKO BAR** ● (136 C5)

Hier treffen sich Jazzliebhaber zu einem schönen Abend bei Kerzenlicht und in Bistro-Atmosphäre. Um 20.30 Uhr wird losgeswingt, und die Stimmung in der Jazzkneipe steigt. Hinter allem steht Dimitri Shapko, Saxofonist und Jazzer aus Leidenschaft. *Mi–So 20–0.30 Uhr | 5, Rue Rossetti | Altstadt | www.shapko.com*

KASINO & SHOW

CASINO PALAIS DE LA MÉDITERRANÉE
(136 B5)

Neben zwei Restaurants, darunter das *La Frégate* (€€), verfügt der Palais de la Méditerranée über ein Kasino mit Spielautomaten und traditionellen Spielen sowie einen Saal für Varietévorstellungen. *15, Promenade des Anglais | Tel. 04 92 14 68 00 | www.casinomediterranee.com | Bus Gustave V*

LE RUHL – CASINO BARRIÈRE (136 B5)

Im berühmten Kasino von Nizza stehen nicht nur Spieltische. Neben den Spielsälen gibt es im *Cabaret du Ruhl (Juli/Aug. geschl.)* ein Programm rund um Kabarett, Konzerte und Varieté. Das *L'American Café (tgl. 10–4 Uhr)* mit Popart-Deko und das französisch-italienische Restaurant *Dolce Vita (tgl. 12–15 u. 20–24 Uhr | €€)* übernehmen den kulinarischen Teil. *Spielautomaten So–Do 10–4 Uhr | Spieltische Mo–Do 20–4, Fr/Sa 17–5, So 17–4 Uhr | 1, Promenade des Anglais | Tel. 04 97 03 12 22 | www.lucienbarriere.com | Bus Albert 1er*

KINOS

CINÉMA MERCURY (137 D4)

Auch im Urlaub Lust auf Kino? 50 Filme pro Woche in Originalversion zeigt das Cinéma Mercury in den Arkaden der Place Garibaldi. Für jeden Geschmack etwas.

FUSSBALLFIEBER

Die Fußballer Nizzas halten ihre Fahne in Frankreich ganz weit hoch: In der neuen *Allianz Riviera Arena (www.allianz-riviera.fr)* spielt der OGC Nice in der ersten Liga. Ticketverkauf entweder per Internet, im *OGC Nice Store (Mo–Sa 10–19 Uhr | 4, Place Masséna | www.ognice.com)* oder bei *FNAC* im Einkaufszentrum *Nicetoile (Mo–Sa 10–19.30 Uhr | 30, Av. Jean Médecin)*. Wenn der AS Monaco FC, der in der französischen 1. Liga ganz oben mitkickt, auf den OGC Nice stößt, herrscht Lokalderby-Stimmung. Ticketverkauf über die Website oder am *Stade Louis II (Mo–Fr 9.30–18.30 Uhr | 3, Av. des Castelans | www.asm-fc.com)*, im *FNAC (Mo–Sa 10–19.30 Uhr | Centre Commercial Le Métropole)* oder im *Virgin Mégastore (15, Av. Jean Médecin)*.

Wie ganz Frankreich, bereitet sich auch Nizza derzeit auf die Fußball-Europameisterschaft 2016 vor. Das neue Stadion im Stadtteil Saint Isidore **(144 C3)** im Westen von Nizza wurde im September 2013 eingeweiht und wird einer der neun Austragungsorte der Europameisterschaft sein.

16, Place Garibaldi | Tel. 04 93 55 37 81 | www.mercury-cg06.fr | Tramway Garibaldi

LE RIALTO (136 B5)

Filme in Originalversion gibt es auch in diesem Kino zu sehen. Unter *www.lerialto.cine.allocine.fr* lässt sich das aktuelle Kinoprogramm abrufen. *4, Rue Rivoli | Tel. 04 93 88 08 41 | Bus Rivoli*

KNEIPEN

LES DISTILLERIES IDÉALES ⭐ (136 C5)

Rustikale Kneipenstimmung in einer alten Destillerie. Schon am Nachmittag treffen sich hier die Einheimischen auf einen Aperitif – im urigen Inneren oder an einem der Tische an der belebten Altstadtgasse. *Tgl. 9–24 Uhr | 24, Rue de la Préfecture | Altstadt | www.lesdestilleriesideales.fr*

JUKE HOUSE CAFÉ (137 D4)

Ob zu einem Aperitif mit Tapas oder später am Abend bei Musik aus der Jukebox oder live – im Juke House Café ist die Stimmung immer gut. *Mo–Sa 16–24 Uhr | 8, Rue Défly | Tramway Garibaldi | €*

MA NOLAN'S ⭐ (136 C5)

A place to be – Irish Pub mit französischem und internationalem Publikum, großer Terrasse, lockerer Atmosphäre und Livemusik. *Mo–Fr 12–2, Sa/So 11–2 Uhr | 2, Rue Saint-François de Paule | Altstadt | www.ma-nolans.com*

LA TRAPPA ⭐ (136 C5)

„La Trappa" heißt die Kneipe in dem Altstadthaus schon seit 1886. Französische Tapas *(z. B. degustation aux trois foies gras; croustillant de caviar d'aubergine)*, über 50 Cocktails und Live-DJ – das alles in stilvollem Ambiente mit Kunst an den Wänden und einem Publikum ab 30 aufwärts. Keine Party, sondern Plaudern in schöner Atmosphäre bei guter Musik. *Di–Sa 18.30–2.30 Uhr | 2, Rue Jules Gilly/Rue de la Préfecture | Altstadt | €€*

WAYNE'S (136 C5)

Hier ist immer was los – vom ersten Bier, Burgern und Chicken Wings, um den Abend zu starten, bis hin zu ausgelassenen Partys. Internationales, junges Publikum. *Tgl. 12–2 Uhr | 15, Rue de la Préfecture | Altstadt | www.waynes.fr | €*

LOW BUDG€T

▶ Lust auf die alten Rocksongs von The Doors, Jethro Tull und Led Zeppelin? Die gibt's im ● *Bulldog Pub* **(136 C5)** *(16, Rue de l'Abbaye | Altstadt)* jeden Abend von Livebands gespielt und umsonst – dazu eine große Auswahl an Bier.

▶ Spielplatz für Newcomer-Bands ist das *Tapas La Movida* **(136 C5)** *(2, Rue de l'Abbaye | Altstadt | Eintritt 0–2 Euro):* alternative, sehr einfache Studentenkneipe mit fast täglich wechselnden Livebands. Ska, Punk, Metal, Chansons, Rock, Reggae, Jazz – hier gibt's von allem etwas.

▶ In den meisten Bars gibt es eine Happy Hour – oft zwischen 19 und 21 Uhr: 50 Prozent und mehr auf die Getränkepreise.

KONZERTE, OPER, THEATER

NICE ACROPOLIS (137 D4)

Nationale und internationale Künstler und Ensembles aus Klassik, Pop und

Chanson treten im Veranstaltungszentrum Acropolis auf, das gut erreichbar mitten in der Stadt liegt. Karten gibt es bei FNAC im Nicetoile auf der Avenue Jean Médecin. *1, Esplanade Kennedy | Tel. 04 93 92 83 00 | www.nice-acropolis.com | Tramway Acropolis*

INSIDER TIPP THÉÂTRE DE L'IMPASSE (137 D4)

Kleinkunst, die Spaß macht! Kleines, uriges Kellertheater mit einem bunten Programm: Chansons, Comedy, Musik, Tanz- und Theateraufführungen. *Rue de la Tour | Tel. 04 93 16 17 51 |*

La Trappa: Der Champagner ist schon kalt gestellt, der Abend kann beginnen

OPÉRA DE NICE (136 C5)

Opern, Ballettaufführungen, musikalische Matinées – ein hochkarätiges Angebot macht Nizzas Opernhaus mitten in den verwinkelten Altstadtgassen. *4–6, Rue Saint-François de Paule | Altstadt | Kartenvorverkauf: Mo–Do, Sa 9–16.30, Fr 9–19.45 Uhr | Tel. 04 92 17 40 79 | www.opera-nice.org*

THÉÂTRE DE LA CITÉ (136 B4)

Das Theater mit 180 Plätzen bietet klassische und zeitgenössische Stücke, Comedy, Tanz und Musik. *3, Rue Paganini | Eintritt ab 15 Euro | Tel. 04 93 16 82 69 | Kartenvorverkauf: FNAC (Nice Etoile) | www.theatredelacite.fr | Tramway Jean Médecin*

Mobil 06 84 35 62 77 | www.theatredelimpasse.com

THÉÂTRE NATIONAL DE NICE (137 D4)

Neben Theaterproduktionen hat das Nationaltheater auch zeitgenössischen Tanz und Konzerte im Programm. *Promenade des Arts | Kartenvorverkauf: Mo–Sa 14–19 Uhr | Tel. 04 93 13 90 90 | www.theatredenice.org | Tramway Garibaldi*

THÉÂTRE DE LA SEMEUSE (137 D5)

Tanz, Theater und Musik in diesem kleinen Altstadttheater. *2, Montée Auguste Kerl | Eintritt 15 Euro | Tel. 04 93 92 85 08 | Kartenvorverkauf: Mo–Fr 9–12 u. 14–18 Uhr oder bei FNAC im Nice Etoile | www.lasemeuse.asso.fr*

ÜBERNACHTEN

Nizzas Einnahmequelle Nummer eins ist der Tourismus. So ist es nicht verwunderlich, dass die Metropole der Côte d'Azur mit Betten reich ausgestattet ist: 200 Hotels aller Kategorien, Ferienwohnungen und Gästezimmer warten auf die 4 Mio. Touristen, die die Stadt jährlich besuchen.

Die Auswahl reicht von der Jugendherberge bis zu den Luxushotels entlang der Promenade des Anglais. Hier finden sich die großen Namen wie das Hotel Négresco oder das Hotel Palais de la Méditerranée, die nicht nur Hotels, sondern zugleich architektonische Meisterwerke sind. Um sich gut zu betten, gibt es jedoch eine Menge Alternativen. Oft sind es die kleinen Hotels und Gästezimmer, die sogenannten *chambres d'hôtes*, die einen mit Herzlichkeit und viel Liebe zum Detail empfangen.

Ein Verzeichnis aller Hotels kann unter *www.nicetourism.com* heruntergeladen werden. Reservierungen sind online über *www.niceres.com* möglich. Generell gilt, dass im Juli und August, zu Messe- und Festivalzeiten, während des Karnevals und des Grand Prix von Monaco die Hotelpreise recht ordentlich nach oben schnellen.

HOTELS €€€

LE DORTOIR (136 B5)
Hotel einmal anders: keine Lobby, kein Roomservice, dafür top designte Suiten mit Frühstücksservice in bester Lage. Individueller Check-in nach Ver-

Bild: Terrasse des Hôtel Westminster

Bonne nuit: ob im Luxus an der Promenade oder in den Gassen der Altstadt, ob modern oder provenzalisch-traditionell

einbarung. *3 Suiten | 11, Rue Paradis | Tel. 04 93 88 93 63 | www.ledortoir.net | Tramway Masséna*

ELLINGTON (136 C4)
Imposantes Gebäude aus den 20er-Jahren, im gepflegten Stil der 50er-Jahre eingerichtet, in warmen Farben. Zwar nicht direkt am Meer, aber mit hoteleigenem Strand. Das Hotel engagiert sich besonders für den Umweltschutz und trägt das Umweltzertifikat „La Clef Verte" („Grüner Schlüssel"; Informationen auf der Website). Bei Internetbuchung spezielle Tarife. *110 Zi. | 25, Blvd. Dubouchage | Tel. 04 92 47 79 79 | www.ellington-nice.com | Tramway Jean Médecin*

LE GRIMALDI (136 B5)
Eine Belle-Époque-Fassade par excellence, das Boutique-Hotel dahinter im feinen mediterranen Stil eingerichtet – Holz, blaue, terrakotta- und ockerfarbene Töne dominieren. Ein wunderbar gemütliches Haus zum Wohlfühlen! *46 Zi. u. Suiten | 15, Rue Grimaldi | Tel.*

HOTELS €€€

04 93 16 00 24 | www.le-grimaldi.com | Bus Alphonse Karr

HI HÔTEL ⭐ (136 A5)
Von außen nicht sehr einladend, aber innen! Die Design-Avantgardistin Matali Crasset hat das „Total Design" erfunden: eine Rednerpult-Rezeption, eine

VILLA LES CYGNES (145 D3) (📖 D3)
Nicht im Zentrum gelegen, aber wer ein kleines, persönliches Hotel mit hellen,

Hi Hôtel: Zimmer in klarem, funktionalem Design und kräftiger, harmonischer Farbgebung

Lobby im Cyberspace-Look, eine bonbonfarbene „Happy Bar". Die Zimmer sind „Orte zeitgenössischer Experimente". 🌿 ● Panoramaterrasse mit Wellnessoase: Pool, Jacuzzi und Wasserliegen. Nur wenige Schritte zur Promenade und zum Strand. Hoteleigene Fahrräder. Unterhaltsam, chic, anders! *38 Zi. | 3, Av. des Fleurs | Tel. 04 97 07 26 26 | www.hi-hotel.net | Bus Gambetta/Bottéro*

INSIDER TIPP ▶ LE PETIT PALAIS (136 C3)
Im Stadtteil Carabacel war dieses Hotel einst die Residenz des bekannten französischen Theaterautors Sacha Guitry. Mit der Auszeichnung „Relais du Silence" für ruhige Hotels, seinem freundlichen Service, der gepflegten Einrichtung und einer Terrasse voller Blumen ist es eine der schönsten Adressen Nizzas. *25 Zi. | 17, Av. Emile Bieckert | Tel. 04 93 62 19 11 | www.petitpalaisnice.com | Bus Chagall*

großen Zimmern (und Bädern) sucht, für den lohnt sich der Weg. Ca. 20 Gehminuten in die Stadt. *6 Zi. | 6, Av. Château de la Tour | Tel. 04 97 03 23 35 | www.villalescygnes.com | Bus 23 Grosso CUM*

VILLA VICTORIA (136 B4)
Ruhe und Charme im Herzen von Nizza mit renovierten Zimmern im Nizzaer Stil und duftendem Stadtgarten. Privatstrand. *38 Zi. | 33, Blvd. Victor Hugo | Tel. 04 93 88 39 60 | www.villa-victoria.com | Tramway Jean Médecin*

INSIDER TIPP ▶ WINDSOR (136 B5)
Ein Hotel für Liebhaber zeitgenössischer Kunst. Die „Chambres d'artistes" sind Werke bekannter Künstler: Claudio Par-

80 www.marcopolo.de/nizza

miggiani und sein goldenes Zimmer, in dessen Mitte das Bett schwebt; Ben, der die Geschichte eines Zimmers im wahrsten Sinne des Worts neu geschrieben hat, und Olivier Mossets Zimmer als Symphonie in Rosarot. Außerdem gibt es die Kategorien „Posterzimmer" und „Freskenzimmer". Nicht zu vergessen das hauseigene Spa. Erfrischend originell. *62 Zi. | 11, Rue Dalpozzo | Tel. 04 93 88 59 35 | www.hotelwindsornice.com | Bus Palais de la Méditerranée*

HOTELS €€

HÔTEL ARMENONVILLE (136 A5)

Ein Garten mit Kakteen, Palmen, Mimosen und Zitrusbäumen umgibt das alte Herrenhaus, das ein schönes, kleines Hotel mit sehr freundlicher Atmosphäre beherbergt. *12 Zi. | 20, Av. de Fleurs | Tel. 04 93 96 86 00 | www.hotel-armenonville.com | Bus Gambetta/Bottéro o. Alsace-Lorraine*

HÔTEL DE LA FONTAINE (136 B5)

Ein Schritt vor die Haustür, und Sie sind mittendrin im Geschehen: in einer belebten Straße unweit von Mittelmeer und Fußgängerzone. Einfache, saubere Zimmer und ein schöner Innenhof, in dem man sich vom Bummeln ausruhen kann. *29 Zi. | 49, Rue de France | Tel. 04 93 88 30 38 | www.hotel-fontaine. com | Bus Congrès/Promenade*

INSIDER TIPP HÔTEL DE LA MER (136 C5)

Hier sind Sie wirklich in Nizza. Die Hälfte der Zimmer geht auf die Fontaine du Soleil und die weitläufige Place Masséna hinaus. Das Hotel, das sich in der 1. Etage eines historischen Gebäudes befindet, ist 2013 komplett renoviert worden. Hier wohnen Sie in einem geschmackvollen und freundlichen Hotel in

bester Lage. *12 Zi. | 4, Place Masséna | Tel. 04 93 92 09 10 | www.hoteldelamernice. com | Tramway Masséna*

LITTLE PALACE (136 B4)

Tolles Preis-Leistungs-Verhältnis und freundlicher Service in zentraler, guter Lage. Geschäfte, Restaurants, Strandpromenade und auch der Bahnhof sind nicht weit. Idealer Ausgangspunkt, wenn Sie per Zug die Côte d'Azur erkunden möchten? *30 Zi. | 9, Av. Baquis | Tel. 04 97 03 00 00 | Bus Congrès/Joffre*

NICE GARDEN HOTEL ★ (136 B5)

Ein Garten mit duftenden Orangenbäumen – das sehen Sie beim Blick aus dem Fenster! Das kleine Hotel von Marion Hoffmann ist ideal gelegen; alle Räu-

---

MARCO POLO HIGHLIGHTS

★ **Hi Hôtel**
Hinter der Fassade verbirgt sich „das" Designhotel von Nizza
→ S. 80

★ **Nice Garden Hotel**
Besonders netter Service, besonders schöner Garten – einfach etwas Besonderes! → S. 81

★ **Villa La Tour**
Liebevoll umgebautes Kloster in der Altstadt → S. 83

★ **Négresco**
Was wäre die Promenade des Anglais ohne die Fassade des Négresco? → S. 82

★ **Hyatt Regency Nice – Palais de la Méditerranée**
Alte Fassade, neuer Kern – der „Palast des Mittelmeers"
→ S. 82

me sind liebevoll renoviert worden, und man wird so herzlich empfangen, dass man sich gleich heimisch fühlt. *9 Zi. | 11, Rue du Congrès | Tel. 04 93 87 35 62 | www.nicegardenhotel.com | Bus Congrès/Promenade*

HÔTEL ROSSETTI (136 C5)
Ein neues Hotel in alten Gemäuern. Die Lage ist perfekt im Zentrum der Altstadt: Die Place Rossetti liegt vor der Haustür, der Cours Saleya ein paar Gehminuten entfernt. Trotzdem schläft es sich ruhig!

LUXUSHOTELS

Hyatt Regency Nice – Palais de la Méditerranée ★ ☽ (136 B5)
Luxus hinter Art-déco-Fassade. Erst 2004 wurde das geschichtsträchtige Haus nach 26-jähriger Pause und aufwendigen Restaurierungsarbeiten wieder eröffnet. Und schloss sofort an seinen Ruhm aus den 30er-Jahren an. Das Restaurant *3e (tgl.)* befindet sich, man ahnt es, im 3. Stock und bietet mit dem Mittagsmenü für 25 Euro Gelegenheit für ein gutes Essen in stilvollem Rahmen. *176 Zi., 12 Suiten | 315–825 Euro | 13, Promenade des Anglais | Tel. 04 93 27 12 34 | nice.regency.hyatt.com | Bus Gustave V*

Négresco ★ ☽ (136 A5)
Hotellegende, Museum, das Gesicht Nizzas – das Hôtel Négresco steht für Nizza wie kein anderes. Von außen wie von innen versprüht das Traditionshaus Prunk und Pracht. Geldadel und Prinzen, Promis und Sternchen steigen hier ab. Prunkvoll ist nicht nur die Fassade mit der Kuppel von Gustave Eiffel: Im Salon Royal unter dem Glasdach wiegt der Kristalllüster 1000 kg, und darunter liegt der größte Aubusson-Teppich der Welt. Der Hotelpalast besitzt auch eine bemerkenswerte Kunstsammlung. Das Ein-Stern-Restaurant *Le Chantecler (Mi–So, nur abends)* ist schlossartig schwer eingerichtet. *117 Zi., 31 Suiten | 357–1840 Euro | 37, Promenade des Anglais | Tel. 04 93 16 64 00 | www.hotel-negresco-nice.com | Bus Gambetta/Promenade*

La Pérouse (137 D5)
Eine der Topadressen der Stadt. In unmittelbarer Nähe zur Altstadt am Ende der Promenade gelegen, aber trotzdem eine Oase der Ruhe. Wer hier ein ☽ Zimmer mit Meerblick auf die Baie des Anges hat, wird es nie wieder verlassen wollen. Das Restaurant *Le Patio (Feb.–Nov. tgl.)* macht seinem Namen alle Ehre: Im sonnigen Innenhof werden leichte mediterrane Speisen unter Zitronenbäumen serviert. *56 Zi., 4 Suiten | 275–950 Euro | 11, Quai Raubà Capèu | Altstadt | Tel. 04 93 62 34 63 | www.hotel-la-perouse.com*

Westminster ☽ (136 B5)
Ein Juwel aus der Belle Époque. Seit seiner Gründung im Jahr 1880 ist das Hotel in Familienbesitz. Ebenso familiär und herzlich ist der Empfang. Moderne Zimmer, freundliche Atmosphäre und zwei Schritte bis zur Promenade. Restaurant *Le Farniente (Anfang Jan.–Okt. tgl.)* mit Meerblick-Terrasse. *100 Zi. | 190–900 Euro | 27, Promenade des Anglais | Tel. 04 92 14 86 86 | www.westminster-nice.com | Bus Congrès/Promenade*

Villa La Tour: Zimmer in Weiß und Blau, mit viel Holz und viel Charme

Eingerichtet ist das 2013 eröffnete Hotel minimalistisch mit hellen Holz- und Cremetönen. Très chic! *7 Zi. | 1, Rue Sainte Réparate | Altstadt | Tel. 04 97 08 13 97 | www.hotelrossetti.fr*

SAINT GEORGES (136 B4)

Das Hotel im Familienbesitz liegt zentral zwischen Bahnhof und Place Masséna, verfügt über gemütliche Zimmer und einen kleinen Garten. Reservieren Sie ein Zimmer mit Gartenblick. *30 Zi. | 7, Av. Georges Clémenceau | Tel. 04 93 88 79 21 | www.hotelsaintgeorges.fr | Tramway Jean Médecin*

VILLA LA TOUR ★ (137 D4)

Kleines Hotel im Herzen der Altstadt in den Mauern eines Klosters aus dem 18. Jh. Das Haus von Barbara Kimmig stützt sich gegen die Tour de l'Horloge, den Uhrturm, und ist mit Charme und Komfort ausgestattet. Die Zimmer sind zwar nicht groß, aber sehr schön und praktisch eingerichtet, einige mit Balkon. Der Service ist absolut perfekt. *14 Zi. | 4, Rue de la Tour | Tel. 04 93 80 08 15 | www.villa-la-tour.com | Tramway Cathédrale-Vieille Ville*

INSIDER TIPP VILLA RIVOLI (136 B5)

Außen Belle-Époque-Fassade von 1890, innen liebevoll und individuell eingerichtete Zimmer. Ein kleiner Garten für die Pause zwischendurch, und der Strand ist auch nur 100 m entfernt. Der Service ist besonders persönlich und aufmerksam. *24 Zi. | 10, Rue de Rivoli | Tel. 04 93 88 80 25 | www.villa-rivoli.com | Bus Rivoli*

HOTELS €

LES CIGALES (136 B5)

Hotel in guter Lage mit freundlichem Service. Die Zimmer sind nichts Besonderes, aber sehr sauber. Pluspunkt ist die ☼ Dachterrasse für eine Ruhepause nach Stadtbummel und Strand. *19 Zi. | 16, Rue Dalpozzo | Tel. 04 97 03 10 70 | www.hotel-lescigales.com | Bus Gambetta/Grimaldi o. Congrès/Joffre*

LE PETIT LOUVRE (136 C4)

Zentral, günstig, sauber: perfekt für junge Leute und Reisende mit kleinem Budget. *32 Studios | Okt.–März geschl. | 10, Rue Emma et Philippe Tiranty | Tel. 04 93 80 15 54 | www.hotelpetitlouvre. fr | Tramway Jean Médecin*

INSIDER TIPP ▶ LE PETIT TRIANON
(136 B5)

In der Fußgängerzone versteckt, befindet sich das Hotel in der zweiten Etage eines Hauses (kein Aufzug). Renoviert, sauber und geschmackvoll in Weiß- und Beigetönen eingerichtet. In verschiedenen Altstadtvierteln werden wochenweise auch 4 Studios vermietet. *7 Zi. | 11, Rue Paradis | Tel. 04 93 87 50 46 | www. lepetittrianon.fr | Tramway Masséna*

LOW BUDG€T

▶ Zwei Jugendherbergen gibt es in Nizza: Zentral liegt *Les Camélias* **(136 C4)** *(ab 23,70 Euro/Person | ganzjährig | 3, Rue Spitalieri | Tel. 04 93 62 15 54 | www.hihostels.com | keine Parkplätze | Tramway Jean Médecin)*. Etwas außerhalb liegt *Mont Boron* **(137 F4)** *(ab 18,20 Euro/ Person | Juni–Sept. | Route Forestière du Mont Alban | Tel. 04 93 89 23 64 | www.hihostels.com | Bus Maeterlinck)*.

▶ *Clairvallon* **(145 D3) (𝄞 D2)** *(20 Euro Ü/F, 32 Euro Halbpension | ganzjährig | 26, Av. Scudéri | Tel. 04 93 81 27 63 | www.clajsud.fr | Bus Relais de la Jeunesse)* ist ein im Stadtteil Cimiez gelegenes Jugendhaus mit 4- bis 6-Bett-Zimmern und Schwimmbad.

RÉGENCE (136 B5)

Hier sind Sie mitten im Geschehen. Sauber, freundlich und zentral: Strand und Meer nicht weit, Altstadt in Fußnähe und jede Menge Cafés, Restaurants und Geschäfte direkt vor der Tür. *60 Zi. | 21, Rue Masséna | Tel. 04 93 87 75 08 | www. hotelregence.com | Tramway Masséna*

SOLARA (136 B5)

In der Fußgängerzone gelegen, nur 100 m vom Meer entfernt. Frühstück über den Dächern von Nizza? Die Zimmer im fünften Stock besitzen INSIDER TIPP ▶ eine eigene Terrasse ! *14 Zi. | 7, Rue de France | Tel. 04 93 88 09 96 | www.hotelsolara. com | Bus Congrès/Promenade*

FERIENWOHNUNGEN

Neben Hotels gibt es natürlich auch die Möglichkeit, ein Studio oder eine Ferienwohnung zu mieten. Eine Übersicht solcher Unterkünfte, die meistens erst ab einer Woche Aufenthaltsdauer buchbar sind, finden Sie auf der Internetseite des Office de Tourisme. *www.nicetourism. com*

CHAMBRES D'HÔTES

In Frankreich gibt es zu Hotels noch die Alternative der *chambres d'hôtes*. Etwas irreführend ist die Übersetzung „Gästezimmer"; es handelt sich nicht um verstaubte, sondern um liebevoll und sehr persönlich geführte, oft restaurierte alte Gemäuer, in denen die Besitzer einige wenige Zimmer vermieten. Frühstück ist im Preis inbegriffen; manchmal wird ein *table d'hôte* angeboten: Die Vermieter kochen für ihre Gäste, gegessen wird gemeinsam. Sehr verbreitet sind die *chambres d'hôtes* in Ortschaften und auf dem Land. Daher ist die Auswahl in Nizza nicht sehr groß. Aber ein paar gibt es doch: Stöbern Sie mal auf diesen Seiten: *www.gites-de-france.com* und *www.fleursdesoleil.fr*.

LE BLASON (137 D4)

An einem von Nizzas schönsten Plätzen, der Place Garibaldi, liegt das Chambre und Table d'hôte von Monsieur Laporte de Rancillac. Er ist Gastgeber mit Leib

04 93 97 02 08 | www.castel-enchante.com | Bus Emmanuel

INSIDER TIPP LA MOMA (136 B2)

Moma steht für „Maison originale de Mademoiselle Arboireau". Und es ist dazu ein originelles Haus. Das Künstlerpaar Valérie Arboireau und Peter Larsen heißt seine Gäste in Haus, Garten und

Zurück in die bunten 70er-Jahre: das Zimmer „Yves Klein" im La Moma

und Seele; abends kocht er für seine Gäste. Das „Chambre Rose" eignet sich auch für Familien – es bietet Platz für vier Personen. *4 Zi. | 110–140 Euro | 8, Place Garibaldi | Tel. 04 93 89 21 88 | www.leblason.net | Tramway Garibaldi*

LE CASTEL ENCHANTÉ (144 C3) *(*$\emptyset$ *D3)*

In den Hügeln von Nizza liegt das *chambre d'hôte* von Martine und Jacques Ferrary. Gemütliche Zimmer und ein kleines Häuschen (900 Euro/Woche) in absoluter Ruhe, mit Schwimmbad und einer großen Terrasse. Das Castel ist gut mit dem Bus erreichbar. *4 Zi. | 120 Euro | 61, Route de Saint Pierre de Féric | Tel.*

den Gästezimmern „Matisse" und „Yves Klein" herzlichst willkommen. *2 Zi. | 5, Av. des Mousquetaires | 90/100 Euro | kein Tel. | www.moma-nice.com | Tramway Valrose Université*

VILLA KILAUEA (144 C2)

Wer außerhalb des Zentrums absteigen möchte und idealerweise ein Auto besitzt, ist bei Nathalie und Gérard Graffagnino bestens aufgehoben. Schöne Zimmer, ein noch schönerer Pool und die allerschönste Aussicht! *3 Zi. | April–15. Okt. 160 Euro, 16. Okt.–März 130 Euro | 6, Chemin du Candeu | Tel. 04 93 37 84 90 | www.villakilauea.com*

STADTSPAZIERGÄNGE

Die Touren sind im Cityatlas, in der Faltkarte und auf dem hinteren Umschlag grün markiert

1 PROMENADE DES ANGLAIS: JUGENDSTIL UND BELLE ÉPOQUE

Urlauber mit Sonnenhüten an den Stränden, die Luxushotels und die für ihre Zeit repräsentativen Paläste Ruhl, Négresco, das Kasino Jetée-Promenade und der Palais de la Méditerranée: Die ⭐ *Promenade des Anglais* wurde in der ganzen Welt durch unzählige Bilder als Symbol des zeitlosen Nizza bekannt. Nachdem der schottische Schriftsteller Tobias Smollet die heilende Wirkung des milden Klimas in einem Buch beschrieben hatte, begannen vor allem Engländer die Winter in Nizza zu verbringen und das Panorama entlang der Küste zu genießen. Den Anstoß zum Bau einer Promenade gab Reverend Lewis Way, der das dafür nötige Geld von den bereits in Nizza ansässigen Engländern beigesteuert bekam.

1844 erhielt die Promenade ihren heutigen Namen *Promenade des Anglais* – auf Nissart *Camin dei Inglès* (Weg der Engländer); und heute ist die Prachtstraße am Meer noch immer das Wahrzeichen der Stadt. Sie beginnt ungefähr auf Höhe des Flughafens und erstreckt sich über 8 km bis zur Altstadt. Obwohl die Promenade viele ihrer Paläste durch die Betonbauwut der 60er- und 70er-Jahre verloren hat, sind viele Zeugnisse der Vergangenheit erhalten geblieben: Alle Stilrichtungen der Architektur des 19. und 20. Jhs. sind vertreten.

Dieser knapp 2 km lange Spaziergang beginnt auf Höhe der Seitenstraße Avenue

86 Bild: Der katholische Friedhof auf dem Colline du Château

Drei interessante Streifzüge führen zu Fuß durch die jüngere Vergangenheit an der Baie des Anges

de Bellet (Bushaltestelle Magnan) mit der Villa Collin Huovila (Nr. 139). Hier haben Sie eines der seltenen Jugendstilgebäude der Stadt vor Augen. Einige Schritte weiter kommen Sie an den Palais de l'Agriculture (Nr. 113), ein schöner Belle-Époque-Bau; er beherbergte ab 1901 die Société Centrale d'Agriculture, die den Anbau und die Akklimatisierung tropischer Pflanzen an der Côte d'Azur erforschte.

Das Centre Universitaire Méditerranéen (Nr. 65) von 1933 wurde bis 1965 von dem Schriftsteller Paul Valéry als Kulturzentrum geleitet. Das CUM bildet heute den Rahmen für Konzerte und Konferenzen und verfügt über einen der schönsten Hörsäle Frankreichs. Ein Stückchen weiter kommen Sie an der Villa Furtado Heine (Nr. 61) vorbei, die mit ihrer klassischen Fassade mitten in einem herrlichen Garten liegt. Die 26 m hohen bronzenen Venusstatuen, die das Marriott AC Hotel (Nr. 59) einrahmen, sind Werke des Nizzaer Künstlers Sacha Sosno. Werfen Sie auch einen Blick auf den Palais Merce-

Rundum gelungen: die Bar La Rotonde („Das Karussell") im Hotel Négresco

des (Nr. 54) – er erinnert an Emil Jellinek, den Erfinder des Automobils, das den Namen seiner Tochter Mercedes trägt. Um die vorletzte Jahrhundertwende verbrachte die Familie die Wintermonate in Nizza.

Auch wenn Sie das nächste Gebäude schon hundert Mal auf Fotos gesehen haben, ist das Hotel **Négresco → S. 82** eindrucksvoll. Der Portier im napoleonischen Reiterkostüm und die Miles-Davis-Skulptur von Niki de Saint Phalle sind garantierte Hingucker! Sie müssen nicht im Hotel wohnen, um auf ein Glas Wein oder einen Espresso hineinzugehen, ins **La Rotonde**, die Karussellbar mit den Holzpferden – eine Attraktion für sich! Oder ins **Le Relais**, die britische Bar mit den Kunstwerken an den Wänden. Oder Sie reservieren sich gar einen Tisch im sterngekrönten Restaurant **Le Chanteclair** *(Juli/Aug. tgl., sonst Mi–So | €€€)*. Die INSIDER TIPP **Villa Masséna** (Nr. 35), ein prächtiges Zeugnis der Belle-Époque-Architektur, wurde 1898 nach italienischem Vorbild für Victor, den Enkel von Napoleons Marschall André Masséna, gebaut. 1917 schenkte der Sohn von Victor den Palast der Stadt Nizza mit der Bedingung, ihn in ein **Museum für Geschichte** *(Mi–Mo 10–18 Uhr | Eintritt frei)* umzuwandeln. Auf 1800 m² zeigt das Museum die wichtigsten Stationen Nizzas vom Ersten Kaiserreich bis 1939. Die 15 000 Exponate des Museums – unter anderen Einrichtungsgegenstände, Gemälde, Skulpturen und Kunstobjekte – bilden die Geschichte der Stadt abwechslungsreich ab. Der Garten im englischen Stil wurde nach Originalplänen eines der berühmten Gartenarchitekten des 19. Jhs., Edouard André, gestaltet. Auch die **Bibliothek von Cessole** ist der Öffentlichkeit zugänglich; sie verfügt über mehr als 40 000 Bände und Dokumente über Nizza.

Nächste Station ist das **West End** (Nr. 31), das älteste Hotel an der Promenade, das

STADTSPAZIERGÄNGE

unter dem Namen „Hotel von Rom" 1850 gebaut wurde. Wie das benachbarte Westminster von 1880 ist auch dieses Hotel ein echtes Juwel der Belle Époque. Das Westminster → S. 82 gehört seit seinem Bau der Familie Grinda. Der Speisesaal des Hotels befindet sich im ehemaligen Tanzsaal und besitzt eine Decke mit prächtigen Fresken; die Holztäfelung und die Glasmalereien lassen das Hotel fast wie ein Museum erscheinen.

Das Palais de la Méditerranée → S. 82 eröffnete 1929 als Meisterwerk im Artdéco-Stil; seinem Architekten Charles Dalmas ist u. a. auch das Hotel Carlton in Cannes zu verdanken. Das neue Hotel an der Promenade war ein prompter Erfolg: Mistinguett, Joséphine Baker, Louis Armstrong, Sacha Guitry, Duke Ellington zählten zu den ersten Stammkunden. 1978 fiel der Palast dem sogenannten „Krieg der Kasinos" zum Opfer: Mehrere Familien stritten sich mit allen Mitteln um das Eigentum an den Kasinos Nizzas. Auch der damalige, korrupte Bürgermeister Jacques Médecin war in diese Affäre verwickelt. Das Gebäude wurde teilweise zerstört, doch die Fassade mit ihren Flachreliefs von Antoine Sartorio kamen unter Denkmalschutz, und so erstand es wieder aus seiner Asche, zumal, als ein privater Veranstalter beschloss, das Innere des Gebäudes zu restaurieren: Luxushotel, Restaurant, Traumschwimmbad, Kasino, Kongress- und Schauspielsäle.

Lust auf eine Stärkung nach so viel architektonischer Aufregung? Gegenüber vom Palais de la Méditerranée empfängt Sie die Plage Lido (www.lidoplagenice.com) an allen Sonnentagen des Jahres zu einem Frühstück oder einem Mittagessen mit Blick aufs Meer, zu einem frischen Salat, einer Pizza oder auch nur zu einem Drink direkt am Wasser. Oder Sie INSIDER TIPP mieten einen Liegestuhl und legen erst einmal die Füße hoch!

2 COLLINE DU CHÂTEAU UND DAS ANTIQUITÄTENVIERTEL

Bevor Sie den steilen Weg zum ★ Colline du Château, dem Schlossberg, hinaufgehen, können Sie an der Pointe Raubà Capèu Kraft tanken. Die „Hutstehlerspitze" heißt so, weil dort der Wind oft stark bläst und der englischen Königin Victoria angeblich einmal den Hut davongetragen hat. Kurz davor, zwischen 1883 und 1887, spazierte Friedrich Nietzsche auch hier entlang und fand Stoff für seine weltberühmten Werke. Am balcon – einem Weg, der im Halbkreis oberhalb des Meeres gebaut ist – können Sie den Blick auf Himmel und Wasser genießen. Überprüfen Sie noch einmal mithilfe der riesigen Sonnenuhr auf dem Boden die Zeit anhand Ihres eigenen Schattenwurfs, indem Sie sich an die angezeigte Markierung stellen – denn jetzt folgt ein etwa zweistündiger Rundgang.

Neben dem Hôtel Suisse, von wo aus Raoul Dufy so oft die Engelsbucht gemalt hat, führt ein Fußweg zum Schlossberg hinauf. Alternativ können Sie auch mit dem Aufzug bis fast zur Spitze fahren (April/Mai, Sept. tgl. 8–19, Juni–Aug. 8–20, Okt.–März 8–18 Uhr). Der Aufzug wurde in einen ehemaligen Brunnenschacht aus dem Jahr 1517 eingebaut, der 73 m tief in den Stein gehauen wurde. Oben angekommen, sehen Sie auf einer Terrasse den Tour Bellanda von 1825, der 1844 die Unterkunft des Komponisten Hector Berlioz war.

Das Schloss, nach dem der Hügel benannt ist, werden Sie hingegen vergeblich suchen: Die Festung, die einst auf dem Hügel stand, wurde 1706 auf Anordnung von Ludwig XIV. abgerissen, um den Widerstand gegen die Annektierung Nizzas durch Frankreich zu bekämpfen. Die schattigen Spazierwege

89

hier oben liegen mitten in mediterraner Vegetation. Die Nizzaer nutzen die Ruhe der grünen Oase für Sonntagspicknicks, während sich die Kinder auf den Spielplätzen tummeln können. Dazu gibt es einen weiten Blick auf die Umgebung. Was wo zu finden ist, erklären Orientierungstafeln: im Osten der Hafen und der Mont Boron mit der Festung Mont Alban, im Westen sehen Sie die Baie des Anges und das Cap d'Antibes und blicken bis zu den Voralpen von Grasse. Die Fundamente des Schlosses und der **Cathédrale Santa Maria de l'Assompta** sind auf dem Weg hinauf noch zu erkennen.

Von der ● ☼ **Friedrich-Nietzsche-Terrasse** aus ist der Blick nach Westen über die orangen Dächer der Stadt und die Kirchenkuppeln mit bunt glasierten Ziegeln herrlich. Die Terrasse wurde nach dem deutschen Philosophen benannt, der hier während wiederholter Winteraufenthalte Inspiration suchte: „Unter dem halkyonischen Himmel Nizzas, der damals zum ersten Male in mein Leben hineinglänzte, fand ich den dritten Zarathustra … Viele verborgne Flecken und Höhen aus der Landschaft Nizzas sind mir durch unvergessliche Augenblicke geweiht."

Unterhalb der Terrasse hört man das Rauschen des riesigen künstlichen Wasserfalls, der im 19. Jh. angelegt wurde und vom Fluss Vésubie gespeist wird. Der **Wasserfall** und der **Tour Bellanda** sind am Abend sanft beleuchtet und von der Altstadt aus am allerschönsten zu sehen. Aber bevor Sie wieder hinuntergehen, können Sie noch eine Pause an der kleinen Bar etwas tiefer einlegen.

Nehmen Sie dann einen der Fußwege bergab in nordwestlicher Richtung, und folgen Sie der **Allée François Aragon** zu den Friedhöfen. Der INSIDER TIPP **katholische Friedhof** ist besonders beeindruckend: Das Monument für die Opfer des Opernbrandes von 1881 befindet sich gleich am Eingang. Unter anderem ruht hier der Schriftsteller Gaston Leroux, Autor des Romans „Das Phantom der Oper". Außerdem finden Sie das Grab

Einen der schönsten Blicke auf Nizza haben Sie vom Colline du Château

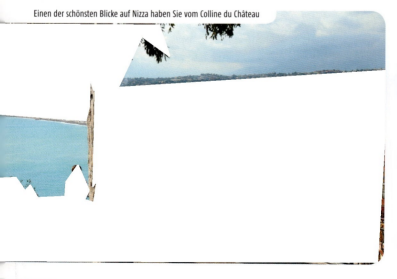

STADTSPAZIERGÄNGE

der Familie Jellinek (Mercedes-Benz) und das von Giuseppe Garibaldi.
Anschließend gehen Sie nordwärts hinunter bis zur Rue Catherine Ségurane, wo das Antiquitätenviertel anfängt und wo es sich nach Lust und Laune bei den vielen Antikhändlern stöbern und kaufen lässt. Es erstreckt sich bis zur Rue Emmanuel Philibert und der Rue Antoine Gautier. In der Rue Catherine Ségurane dürfen Sie unter der Nr. 28 das Village Ségurane (Mo–Sa 10–12 u. 15–18.30 Uhr) nicht verpassen: über 40 Antiquitätenläden auf zwei Ebenen in einem sehr hübschen Gebäude aus dem Jahr 1967. Ein süßer Wachsgeruch begleitet Sie, während Sie Porzellan, Tafelsilber und Möbelstücke aus dem 18. und 19. Jh. entdecken. Ein Spaziergang durch die Vergangenheit. Ein Stückchen weiter, im Haus Nr. 38, treffen Sie noch einmal auf Friedrich Nietzsche, der hier 1883 den Schluss seines berühmten philosophischen Werks „Also sprach Zarathustra" schrieb.
Noch ein Trödelmarkt? Dann müssen Sie in Richtung Hafen gehen. Der kleine Antiquitätenflohmarkt Marché aux Puces de Nice (Di–Sa 10–18 Uhr) befindet sich an der etwas versteckten Place Robilante am Quai Papacino. Weiter in Richtung Süden, den Quai Lunel entlang, erreichen Sie das Monument aux Morts, das 1928 zu Ehren der 4000 Nizzaer, die im Ersten Weltkrieg gefallen sind, errichtet wurde. Und nach weiteren 100 m sind Sie wieder am Startpunkt. Die Sonnenuhr zeigt Ihnen jetzt sicherlich an, dass es Zeit für einen Aperitif ist …

3 VILLEN, GÄRTEN UND EIN KÜSTENWEG AM CAP FERRAT

Das Cap Ferrat bietet viel für einen abwechslungsreichen Spaziergang: die Villa Ephrussi de Rothschild mit ihren wunderbaren Gärten, feudale Privatvillen und schließlich einen kleinen (oder großen) Küstenrundgang um das Cap. Vor dem Spaziergang über das Cap Ferrat unternehmen Sie eine 30-minütige Spazierfahrt durch Nizza, Villefranche-sur-Mer, Beaulieu-sur-Mer bis hin nach Saint-Jean Cap Ferrat. Nehmen Sie den Bus 81 von der Station J. C. Bermond.
Beginnen Sie Ihren Aufenthalt in Saint-Jean Cap Ferrat mit einem Spaziergang durch die Gärten der Villa Ephrussi de Rothschild → S. 50 (Haltestelle: Passable). Neben dem französischen, spanischen, japanischen und exotischen Garten ist der Rosengarten während der Blütezeit das absolute Highlight! Zeit für eine Pause? Im Salon de Thé der Villa gibt es eine Stärkung.
Anschließend laufen Sie weiter in Richtung Kapspitze. An der Weggabelung am Touristenbüro halten Sie sich links, folgen dem Boulevard de la Libération und gelangen so nach 15 Minuten an den Hafen von Saint-Jean. Er wurde Mitte des 19. Jhs. angelegt und 1972 um den Yachthafen, der 500 Plätze umfasst, erweitert. Um das Hafenbecken finden Sie zahlreiche Restaurants, Cafés und Geschäfte. Hier ist auch der Ausgangspunkt für einen herrlichen Spaziergang vorbei an den Villen der Milliardäre und an türkisfarbenen Buchten. Von der Avenue Jean Mermoz ostwärts geht es rechts über die Passage des Fosses zur Avenue Claude de Vignon. Schön ist der Weg zur Pointe Saint-Hospice, der nach Osten gerichteten Spitze des Cap Ferrat (etwa 3,5 km). Rechts führt Sie ein längerer Weg rings um die Südspitze der Halbinsel bis zum Leuchtturm und wieder zurück zum Ausgangspunkt (etwa 6 km und 2,5 Std.).
Direkt am Hafen, an der Haltestelle Port de Saint Jean, fährt der Bus 81 zurück nach Nizza.

ANTIBES

(144 B5–6) (C4–5) **Anders als Nizza und Cannes, wo breite Promenaden zum Schlendern einladen und herrschaftliche Häuser mondänen Charme versprühen, ähnelt Antibes (76 600 Ew.) mit seiner Stadtmauer und den engen Gassen einer Festungsanlage.**

Antipolis, so nannten die Griechen die Stadt, die sie 340 v. Chr. „gegenüber" von Nizza gründeten. Später, von 400 bis 1244, war Antibes Bischofssitz, der dann nach Grasse verlegt wurde. Einem berühmten Baumeister ist das Wahrzeichen von Antibes, die Stadtmauer, zu verdanken: Hier legte der Marquis de Vauban, der Festungsbaumeister Ludwigs XIV., Hand an. Besonders gut ist sein Werk zu sehen, wenn Sie die Altstadt entlang der Uferpromenade in westlicher Richtung verlassen. Hier bietet sich das schönste Panorama des Orts: die Stadtmauer, das Château Grimaldi und im Hintergrund die Seealpen.

Heute ist Antibes eine belebte Stadt mit dem größten Yachthafen Europas: Besonders im Sommer geht es hier trubelig und bunt zu. Dann wächst die Bevölkerung auf 175 000 Menschen an! In den Gassen ist es kühl, das glitzernde, tiefblaue Meer lockt, und in den Bars beginnt der Abend mit einem Pastis. Die Einheimischen lieben ihre Stadt aber auch im Winter, wenn es auf dem morgendlichen *Marché Provençal* gemächlich zugeht, Zeit für einen kleinen Tratsch bleibt, die Yachten im Hafen wippen und der *café crème* in der milden Wintersonne besonders gut schmeckt.

Bild: Antibes

Festungsstadt zwischen Meer und Seealpen: Schattige Altstadtgassen, berühmter Yachthafen und Strandleben – das ist Antibes

WOHIN ZUERST?

Der Spaziergang durch Antibes beginnt in der Altstadt mit einem Bummel über den **Marché Provençal (141 E3)**. Von hier aus sind die Sehenswürdigkeiten der Stadt gut erreichbar. Der Bahnhof liegt am Rand der Altstadt; schwierig gestaltet sich im Sommer die Parkplatzsuche trotz zahlreicher Parkplätze rund um die Altstadt.

SEHENSWERTES

ALTSTADT ★ (141 D–E 2–3)

Wo die Wellen an die felsige Küste klatschen, erhebt sich die Stadtmauer von Antibes, in deren Schutz die Altstadt gewachsen ist – mit ihren schattigen Gassen, schmalen, mit Blumentöpfen geschmückten Stadthäusern und sonnigen Plätzen, gesäumt von Cafés und Restaurants. In der *Vieille Ville* steht das Leben selten still: Es beginnt am frühen Morgen, wenn die Bauern auf dem Markt ihre Stände aufbauen, und endet, wenn die Bars nachts ihre Türen schließen.

CAP D'ANTIBES ⭐ (144 B6) (*m C5*)

Die Landzunge zwischen Antibes und Juan-les-Pins – feudale Villen, die man vor lauter Grundstück nicht sieht, Pinien, die in den Himmel ragen, eine herrliche Küstenstraße, das legendäre *Hôtel du Cap-Eden-Roc*, in dem ganz Hollywood ein- und ausgeht. Vom *Leuchtturm Garoupe (Route du Phare)* aus hat ziergang auf dem „Schmugglerpfad" rund um das Cap d'Antibes ist ein Naturschauspiel. Start des ca. zweistündigen Rundgangs ist die *Plage Garoupe* am Cap d'Antibes. Dort nehmen Sie am Ende des Strandes den kleinen Weg *Chemin de Tirepoil*. Ein schmaler Pfad führt Sie nun durch eine Felsenlandschaft – auf der einen Seite die grünen Gärten der großen Anwesen, auf der anderen das offene Meer. Danach folgt ein Spaziergang durch die Villengegend, und Sie kom-

Cafés, Crêperien, Restaurants: Überall in der Altstadt verstecken sich lauschige Plätze

man einen weiten Blick über die Küste. In der benachbarten *Chapelle de la Garoupe* steht die vergoldete Holzstatue der Notre-Dame de Bon-Port, der Patronin der Seefahrer. Zahlreiche Votivtafeln erinnern an verunglückte Seeleute. *www.lecapdantibes.com | Bus 2 Richtung Eden Roc*

INSIDER TIPP LE CHEMIN DES CONTREBANDIERS (144 B5–6) (*m C4–5*)

Meer, so weit das Auge reicht: Ein Spamen zurück zur Plage Garoupe. Tipps: gutes Schuhwerk und – das Wochenende meiden! *Bus 2 bis Haltestelle Bouée*

FORT CARRÉ (141 D–E1)

Auf der Halbinsel Saint-Roch thront das Fort Carré. Es ist umgeben von einem Park – gut für einen Spaziergang und einen Blick auf Antibes und den Hafen. Das Fort wurde in der zweiten Hälfte des 16. Jhs. gebaut. Bis zum Anschluss Nizzas an Frankreich im Jahr 1860 diente es als Wach- und Verteidigungsposten: Bis dahin war Antibes letzter Hafen vor der Grenze zur Grafschaft Nizza. 1997 kaufte die Stadt die Anlage. Heute können Besucher das Fort Carré mit Kapelle, Küche, Schlafsaal etc. besichtigen. *Die häufig wechselnden Öffnungszeiten im Touristikbüro oder per Telefon erfragen | Tel. 04 92 90 52 13 | Eintritt 3 Euro | Bus 13 aus der Altstadt*

INSIDER TIPP MUSÉE PEYNET ET DU DESSINS HUMORISTIQUES (141 D3)

Ein kurzweiliger Abstecher während eines Altstadtbummels! Das Museum zeigt Werke des französischen Zeichners Raymond Peynet (1908–99). Berühmt sind seine „Amoureux" („Verliebte"), Darstellungen der Traumwelt eines Liebespaars. Für die Stadt Antibes hat Raymond Peynet ein „Liebesdiplom" entworfen, das jedem Hochzeitspaar geschenkt wird. Ebenfalls zu sehen: provokativ-lustige (Presse-)Karikaturen. *Di–So 10–12 u. 14–18 Uhr | Place Nationale | Eintritt 3 Euro | www.peynet.com*

MUSÉE PICASSO ⭐ (141 E3)

Wo die Geschichte von Antibes begann, sind heute 245 Werke von Pablo Picasso ausgestellt. Viele blickten schon von dieser Stelle aus aufs Meer: Griechen und Römer von ihren Siedlungen, Bischöfe aus ihrer Residenz, ab 1385 die monegassischen Grimaldis aus ihrem Schloss. Dann, ab dem Jahr 1925, Besucher aus den Fenstern des Musée Grimaldi. 1946 kam Picasso nach Antibes und überließ dem Museum 67 seiner Werke. Ein bisschen irreführend ist der heutige Name „Musée Picasso", denn neben den Werken des spanischen Künstlers sind in dem Museum auch andere bedeutende Künstler des 20. Jhs. vertreten. *Di–So, 16. Sept.–14. Juni 10–12 u. 14–18 Uhr, 15. Juni–15. Sept. 10–18 Uhr (Juli/Aug. Mi u. Fr bis 20 Uhr) | Château Grimaldi | Eintritt 6 Euro*

PORT VAUBAN ⭐ (141 D1–2)

Mit über 2000 Liegeplätzen ist der Port Vauban größter Yachthafen Europas. Benannt nach dem Festungsbaumeister Sébastien le Prestre de Vauban nimmt der Hafen Schiffe von über 50 m Länge auf. Berühmt ist der *Quai des Milliardaires,* wo unter anderem „Annaliesse" und „Moonlight II", zwei der weltweit teuersten privaten Charteryachten, sowie die „Kingdom KR5" (alias „Flying Saucer" aus dem James-Bond-Film „Sag niemals nie") liegen. Auch die derzeit weltweit größte Yacht „Eclipse" (163 m) von Roman Abramovich liegt hier regelmäßig vor Anker.

Schön ist der Blick auf den Hafen von der ☀ *Bastion Saint-Jaume* aus. Hier steht auch die 8 m hohe Buchstaben-Skulptur „Nomade" des spanischen Künstlers Jaume Plensa.

⭐ **Altstadt**
Auf dem Markt und in den Gassen: Überall riecht es nach Oliven, Orangen, Melonen und Kräutern → S. 93

⭐ **Cap d'Antibes**
Früher ein Pinienwald, heute das Nobelviertel der Region → S. 94

⭐ **Port Vauban**
Yachten der Superlative in Europas größtem Yachthafen → S. 95

⭐ **Musée Picasso**
Pablo Picasso im Schloss der Grimaldis → S. 95

MARCO POLO HIGHLIGHTS

ESSEN & TRINKEN

INSIDER TIPP ▶ **LE BROC EN BOUCHE**
(141 E2)
Bistro, Weinbar und Trödelmarkt in einem: Urig ist es bei Flo und Fred in der Altstadt. Die Gerichte der gepflegten À-la-carte-Küche sind von der Wandtafel auszusuchen. *Di abends u. Mi geschl. (Juli/Aug. tgl.) | 8, Rue des Palmiers | Tel. 04 93 34 75 60 | €€*

INSIDER TIPP ▶ **LA CAFETIÈRE FÊLÉE**
(141 D3)
Französisch-asiatische Fusionsküche ist die Spezialität von Julien Fiengo. Der Küchenchef kreuzt asiatische Rezepte mit lokalen Zutaten. Das Ergebnis: ungewöhnliche Gerichte mit Überraschungs-

LOW BUDG€T

▶ Bar und Museum in einem – ohne Eintritt. In der *Absinthe Bar* **(141 E3)** *(tgl. 9–23 Uhr | 25, Cours Masséna)* regiert die „grüne Fee". Einzigartig!

▶ Günstiger als die Menüs, zu denen Sie in jedem Restaurant verführt werden, sind die ofenfrischen Bagels in der *Copenhagen Coffee Lounge & Bagels* **(141 E2)** *(tgl. 19–23 Uhr | 8, Rue Thuret)*. Auch zum Mitnehmen.

▶ Frei ist der Eintritt in den *Jardin botanique de la Villa Thuret* **(144 B5)** *(᠓ C4)* (Mo–Fr 8–18 Uhr (Sommer), 8.30–17.30 Uhr (Winter) | 90, Chemin Raymond | Cap d'Antibes | www. sophia.inra.fr/jardin_thuret) des Gustave Thuret, der 1857 diesen Garten zur Erforschung mediterraner Baum- und Straucharten anlegte.

effekt. *So/Mo geschl. | 18, Rue du Marc | Tel. 04 93 34 51 86 | www.lacafetierefelee. com | €€–€€€*

CRÊPERIE DU PORT (141 D–E2)
Zur Auswahl stehen 76 Crêpes von salzig bis süß. Der Klassiker mit Zucker ist genauso dabei wie der „Après huit" („Nach acht") mit Schokolade, Minzeis und Sahne oder die herzhaften Varianten aus Buchweizenmehl *(galettes)* z. B. mit Käse oder Thunfisch. *Tgl. ab 19 Uhr (im Winter Mo/Di geschl.) | 22, Rue Thuret | Tel. 04 93 34 56 12 | €–€€*

L'ENOTECA (141 E3)
Ob auf ein Gläschen in der Bar oder ein Essen im gemütlichen Restaurant, hier – zwei Schritte vom Markt entfernt – lässt es sich leben. Beim Weingenuss helfen die Tipps von Sommelier Christian Belmanne. Das Essen – Lamm, Entenbrust, hausgemachte *foie gras* – ist typisch südfranzösisch. *Tgl. ab 17.30 Uhr | 6, Rue Aubernon | Tel. 04 93 34 03 90 | www. lenoteca-antibes.fr | €€*

LE FIGUIER DE SAINT-ESPRIT (141 E3)
In der Altstadt liegt das Restaurant von Sternekoch Christian Morisset. Gäste haben die Wahl zwischen zwei Menüs (62/ 83 Euro) oder Gerichten à la carte. Berühmt ist Morisset für seine Tintenfisch-Cannelloni, sein Kaninchen *(lapin)* und seine Scampi. Dazu empfiehlt der Sommelier natürlich immer den passenden Wein. *Mo u. Mi mittags, Di (im Winter Di/Mi) geschl. | 14, Rue Saint-Esprit | Tel. 04 93 34 50 12 | www.christianmorisset. fr | €€€*

PANE E VINO (141 D4)
Italien ist nicht weit, und so finden sich auch in Antibes italienische Oasen. Wie das kleine Restaurant „Brot und Wein" einen kurzen Spaziergang am Meer ent-

L'Etable Fromagerie: Hier im Süden sind meist Schaf und Ziege Lieferanten köstlichen Käses

lang von der Altstadt entfernt. Spezialität sind Pastagerichte aller Art. *So abends u. Mo geschl. | 2, Blvd. Maréchal Leclerc | Tel. 04 93 34 00 21 | www.panevino.fr | €–€€*

ROYAL BEACH (141 D4)

Essen direkt am Meer? In Juan les Pins reiht sich ein Strandrestaurant ans andere. In Antibes gibt es nur das Royal Beach, das direkt am Wasser liegt. Ob Lunch oder Dinner, Fisch, Meeresfrüchte oder Pasta – Meerblick und Côte-d'Azur-Feeling sind garantiert. *April–Sept. tgl. 12–15.30 u. 19–23 Uhr | 16, Blvd. du Général Maréchal Leclerc | Tel. 04 93 67 14 06 | www.hotelroyal-antibes.com | €€€*

LE SAFRANIER (141 D–E3)

Ein schattiger Platz, ruhig und mitten in der Altstadt, aber doch abseits der ausgetretenen Pfade. Provenzalische Küche, wechselnde Tageskarte, sehr gute Fischgerichte und ein Mittagsmenü für 16 Euro (außer am Wochenende). *Tgl. | 1, Place du Safranier | Tel. 04 93 34 80 50 | €–€€*

EINKAUFEN

In den Gassen der Altstadt liegt der Duft von Oliven, Kräutern, Orangen und Zitronen. Ihr ● *Marché Provençal* (141 E3) *(Juni–Sept. tgl., Okt.–Mai Di–So 6–13 Uhr | Cours Masséna)* ist ein Paradies für Gourmets und diejenigen, die einfach nur die Gerüche des Südens genießen wollen. Schön ist der Bummel durch die *Rue James-Close* (141 D3) mit ihren kleinen Läden und Galerien.

L'EMPEREUR (141 E3)

Die Regale von Christophe Verrier sind gefüllt mit *foie gras,* feinen Tapenaden, Entenbrust und Trüffel. Dazu hat er auch den passenden Wein parat. Feinschmecker kommen hier voll auf ihre Kosten. *Tgl. | 7, Cours Masséna | www.foie-gras-empereur.fr*

L'ETABLE FROMAGERIE (141 E3)

Für Käseliebhaber ist es unmöglich, an dieser Fromagerie vorbeizuschlendern, ohne einzutreten. Ob aus Ziegen- *(chèv-*

97

re), Schaf- *(brebis)* oder Kuhmilch *(vache)* ob jung oder reif, ob frisch oder würzig – die Auswahl ist groß, und das Baguette dazu gibt es in der Bäckerei schräg gegenüber. *So nur morgens | 1, Rue Sade*

FABRIQUE DE SAVONS DE TOILETTE ET PARFUMS (141 D3)

Ein Ort der feinen Düfte: Aus dem kleinen Dorf Gourdon unweit der Küste kommen die Seifen, die in diesem kleinen Altstadtladen verkauft werden. *Tgl. | 41, Rue James-Close*

OLIVIERS & CO (141 E3)

Die ganze Welt des Olivenöls von Knabbereien, Olivenschälchen bis hin zum Öl in allen Variationen gibt es bei Oliviers & Co. Oder wie wäre es einmal mit einem Balsamico-Essig mit Feigennote? *So nur morgens offen | 13, Rue Sade*

SAINT-JAMES (141 E2)

Passend zur Yacht-Atmosphäre am Hafen gibt es in der Rue Aubernon die nötige – oder auch nur gut aussehende – Strand- und Segelausstattung. Zum Beispiel Klamotten und *die* Schuhe für Segler und Nicht-Segler: „Docksides" von Sebago. *So geschl. | 25, Rue Aubernon*

STRÄNDE

Nur einen Schritt aus der Altstadt heraus, westlich vom Hafen Vauban, liegt der kleine Sandstrand *Plage de la Gravette*. Verlassen Sie die Altstadt in Richtung Cap d'Antibes, kommen Sie an den Stränden *Plage du Ponteil* und ● *Plage de la Salis* vorbei. Das ausgelassene Strandleben spielt sich in *Juan-les-Pins* (144 B5) (ɱ C4) ab: breite Sandstrände, Bars und Restaurants, Promenaden und Eisdielen. Keine versteckten, idyllischen Buchten, sondern Beachlife pur!

FREIZEIT & SPORT

Einen exklusiven Strandtag können Sie sich an der *plage privée* des *Cap d'Antibes Beach Hotels* (144 B6) (ɱ C5) (*10, Blvd. Maréchal Juin | www.ca-beachhotel.com*)

Fitnessübungen zu Füßen der Festung an der Plage de la Gravette

am Cap d'Antibes gönnen. Mit Massagen, einem Strandspielplatz für die Kleinen und einem Top-Restaurant.

Verlockend ist beim Anblick des Meeres eine Spritztour über die Wellen: Ab 90 Euro für den halben Tag bietet *Antibes Bateaux Services* (Mobil 06 15 75 44 36 | www.antibes-bateaux.com) Boote zum Verleih an. Start ab Port Vauban (141 D1–2); auch ohne Bootsführerschein!

Lust auf **INSIDER TIPP** Yoga am Strand? Im Sommer verlegt Michelle Timmins ihre Yogaklasse (auf Englisch) nach draußen – Durchreisende sind beim *Sohum Yoga Studio* (1, Rue Paul Bourgarel | Mobil 06 75 84 98 13 | www.sohum-yoga.com) herzlich willkommen!

AM ABEND

In Partystimmung? In Antibes überhaupt kein Problem. Los geht's im „Pub-Dreieck" um die Straßen *Boulevard d'Aguillon* und *Rue Aubernon*. Auf dem Boulevard d'Aguillon, der sich an der Stadtmauer hinter dem Port Vauban entlangzieht, reiht sich eine Bar an die andere. Bei gutem Wetter eine tolle Stimmung, wenn sich der Boulevard in eine einzige Freiluftbar verwandelt!

Das neue Theater *Anthéa* (www.anthea-antibes.fr) hat zur Saison 2013/14 seine Tore geöffnet. Theater, Opern, Tanz und Ballett – ein breit angelegtes Programm für Kulturinteressierte.

Die größte Diskothek der Côte d'Azur ist das *La Siesta* (144 B5) (ΜΠ C4) (2000, Route du bord de mer | Tel. 04 93 33 31 31 | www.joa-casino.com) an der Küstenstraße zwischen Antibes und Villeneuve-Loubet – Restaurant, Kasino und Diskolounge in einem.

Die Partymeile von Antibes ist der Stadtteil *Juan-les-Pins*. Das ist zwar einmal quer über das Cap, dafür gibt es aber jede Menge Bars und Clubs.

ÜBERNACHTEN

INSIDER TIPP **LA BASTIDE DU BOSQUET** (141 D5)

Die Eigentümer Christian und Sylvie Aussel haben den leicht veralteten Charme ihres Hauses bewahrt. Vier großzügige, komfortable Zimmer mit Blick auf einen kunstvoll angelegten Garten. Schon der Romancier Guy de Maupassant hat sich in diesem Gemäuer wohlgefühlt. Das Haus ist seit sechs Generationen im Familienbesitz und nur fünf Minuten vom Strand entfernt auf dem noblen Cap d'Antibes ideal gelegen. *14, Chemin des Sables | Tel. 04 93 67 32 29 | www.lebosquet06.com | €€€*

LA JABOTTE (141 E5)

Individuell und sehr liebevoll eingerichtet. Alle Zimmer gehen zum Garten hinaus, Frühstück gibt's auf der Terrasse, die umgeben ist von Oliven-, Zitronen- und Orangenbäumen. Der Strand und die Altstadt sind nicht weit. (Kinder erst ab 10 Jahren). *10 Zi. | 13, Av. Max Maurey | Tel. 04 93 61 45 89 | www.jabotte.com | €€€*

LA PLACE (141 D3)

Ein Hotel in modernem Design ohne provenzalische Schnörkel hat man in Antibes lange vermisst. Nun ist endlich eines da: zentral am Rand der Altstadt mit eigener Brasserie für ein kleines Frühstück und den Absacker am Abend. *14 Zi. | 1, Av. du 24 août | Tel. 04 97 21 03 11 | www.la-place-hotel.com | €€*

LE RELAIS DU POSTILLON (141 D3)

In einem Altstadthaus zentral gelegen. Einfache, saubere Zimmer. Vorne raus haben Sie einen Blick über einen grünen Platz, hinten raus gibt es sogar Zimmer mit eigener kleiner Terrasse. *16 Zi. | 8, Rue Championnet | Tel. 04 93 34 20 77 | www.relaisdupostillon.com | €–€€*

CANNES

(144 A5–6) (*M* B4–5) **Cannes – Hauptstadt des Glamours und des Films, der Yachten und der Stars. Aber die Stadt (74 500 Ew.) ist mehr als das. Vor allem eine Stadt mit Geschichte: Erstmals erwähnt 1030, war Cannes über Jahrhunderte ein isoliert liegendes Dorf, dessen Bewohner, Bauern und Fischer, unter ärmlichsten Bedingungen lebten.**

Cannes' Aufstieg begann erst 1834, als der Engländer Lord Brougham zufällig hier Halt machte, sich in den Ort verliebte und blieb. Ihm folgten Adlige, Prinzen und Könige aus England und Russland auf der Suche nach einem Winterdomizil im milden Süden. Und so entwickelte sich Cannes in wenigen Jahrzehnten vom Fischerdorf zum mondänen, weithin bekannten Städtchen. Der Erfolg der Internationalen Filmfestspiele tat ein Jahrhundert später ein Übriges, um Cannes ins Rampenlicht der Welt zu rücken und zum sommerlichen Treffpunkt der Reichen und Schönen zu machen.

Cannes hat zwei Gesichter: Während der Festspiele, Messen und im Sommer, wenn die Privatyachten anlegen, gibt es sich mondän; im Winter ist es beschaulich und gediegen, ein wohlhabendes, älteres Publikum flaniert über die Promenade. Und abseits der Croisette? Nur wenige Schritte von der Prachtpromenade entfernt spielt sich der normale Alltag ab: Die Fischer laufen mit ihrem Fang in den Hafen ein, Zeitung und Baguette unter dem Arm treffen sich Einheimische zum Aperitif in der Bar, auf den Märkten wird gehandelt und getratscht.

Bild: Hotel Carlton

**Cannes hat viele Gesichter:
von lebendigen Stränden und Märkten
bis hin zu einer ruhigen Klosterinsel**

WOHIN ZUERST?

Zuerst geht es auf die **Croisette**: Meer, Palmen, Strandbars und die berühmte Treppe der Filmfestspiele **(138 B–C3)**. Parallel zur Flaniermeile liegt die Geschäftsstraße Rue d'Antibes, in deren Seitenstraßen viele Cafés. Der Bahnhof ist nur wenige Gehminuten von hier entfernt. Parkplätze gibt es in den Straßen hinter dem Hotel Carlton.

SEHENSWERTES

BOULEVARD DE LA CROISETTE ★
(138–139 C–F 3–6)
Was für Nizza die Promenade des Anglais, ist für Cannes die Croisette. Die Flaniermeile schlechthin! Palmen auf der einen, Sandstrand auf der anderen Seite und dazwischen die Promenade. Berühmt sind die blauen Stühle, die dort kreuz und quer stehen und für eine kleine Pause heiß begehrt sind. Hotelpaläste wie das Carlton, das Majestic und das

101

Martinez prägen das Bild der weltbekannten Glamourmeile. An einem Ende der Croisette liegt das *Palm Beach Casino*, am anderen das Festivalgebäude. Und wenn vor dem Filmpalast alle suchend zu Boden blicken, sind Sie richtig an der *Allée des Etoiles*. Über 200 Stars haben hier ihre Hände in Betonplatten gedrückt und diese signiert.

richtet sind! Wenn zu den Filmfestspielen der rote Teppich ausgerollt, die Hotelfassaden verkleidet, der Strand in eine Partymeile verwandelt wird, ist Cannes im Ausnahmezustand. Alle drängen sich um den Filmpalast, um einen kurzen Blick auf die Stars zu werfen. Das Gebäude, ein Betonklotz, der von den Einheimischen „Le bunker" genannt wird, wurde

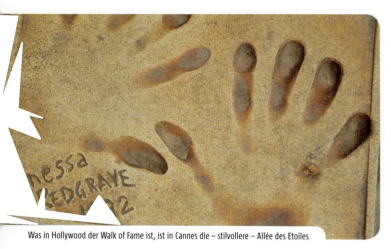

Was in Hollywood der Walk of Fame ist, ist in Cannes die – stilvollere – Allée des Etoiles

LA MALMAISON (139 D3)

Es fällt auf, das weiße, feudale Herrenhaus mit dem großen Vorplatz direkt an der Croisette. Früher Spiel- und Teesalon des benachbarten Grand Hôtel, ist das La Malmaison heute ein kleines Museum für zeitgenössische Kunst. Jährlich gibt es drei verschiedene Ausstellungen nationaler und internationaler Künstler des 20. und 21. Jhs. *Sept.–April Di–So 10–13 u. 14–18, Juli/Aug. Di–So 11–20 Uhr | 47, Blvd. de la Croisette | Eintritt 7 Euro*

PALAIS DES FESTIVALS ET DES CONGRÈS ★ (138 B–C3)

Das ist sie also: die Treppe, auf die im Mai die Kameras der ganzen Welt ge-

1982 eingeweiht. Das erste Filmfestgebäude stand dort, wo heute das Hotel Palais Stéphanie steht. Dem Erfolg der Filmfestspiele und der wachsenden Zahl an Messen und Kongressen fiel leider das schöne historische Spielkasino zum Opfer, an dessen Stelle das heutige Palais des Festivals et des Congrès gebaut wurde. Wenn nicht gerade der rote Teppich ausgerollt ist, finden hier Messen und Kulturveranstaltungen statt. *www.palaisdesfestivals.com | www.festival-cannes.fr*

LE SUQUET (138 A3)

Enge Gassen winden sich den *Mont Chevalier* hinauf: Das ist Le Suquet, das historische Zentrum von Cannes. Vorbei an jeder Menge Restaurants geht es bis hoch hinauf zur *Chapelle Sainte-Anne* und zum mittelalterlichen Schloss, in dem das historische *Musée de la Castre (Sept.–Juni Di–So 10–13 u. 14–17 Uhr, Juli/Aug. 10–19 Uhr | Eintritt 6 Euro)* mit antiken und mittelalterlichen Ausgrabungsgegenständen untergebracht ist. Scheuen Sie nicht die 109 Stufen auf den ☆ **INSIDER TIPP** Turm. Es lohnt sich! Auch von einer schattigen ☆ Terrasse aus haben Sie einen herrlichen Ausblick über die Croisette, die Bucht und die Îles de Lérins. Dafür lohnt sich die halbe Stunde Fußweg.

ESSEN & TRINKEN

L'AFFABLE (139 D3)
Provenzalische Küche in modernem Ambiente – ob Kürbissuppe mit *foie gras,* Artischockensalat mit Parmesan, Lammtopf oder Seewolf. Wofür immer noch Platz sein sollte, ist das *soufflé au Grand Manier,* denn das ist absolut top! *Sa mittags u. So geschl. | 5, Rue Lafontaine | Tel. 04 93 68 02 09 | www.restaurant-laffable.fr | €€–€€€ | Mittagsmenü 27 Euro*

ASTOUX ET BRUN UND L'ANNEXE (138 B3)
Astoux et Brun (tgl. | 27, Rue Félix Faure | Tel. 04 93 39 21 87 | www.astouxbrun. com | €€) ist der Klassiker, wenn es ums Austernschlürfen und Crevettenpulen geht.

BIJOU PLAGE (139 E5–6)
Ein Spaziergang einmal die gesamte Croisette entlang endet im Restaurant Bijou Plage. Meeresfrüchte und Fischspezialitäten direkt am Strand. Und danach? Eine Siesta auf einer Liege am dazugehörigen Privatstrand oder auf einem Badetuch am angrenzenden schönen Sandstrand. *Tgl. 8–18 Uhr | Blvd. de la Croisette | Tel. 04 93 43 70 55 | www.bijouplagecannes. com | €€–€€€*

LE BISTROT GOURMAND (138 A3)
Einen Katzensprung vom Marché Forville entfernt liegt dieses Bistrot. Ob *foie gras,* Ravioli mit Trüffelcreme, Dorade oder *magret de canard* (Entenbrust) mit Ingwersauce – hier geht es französisch zu, und das in bester Bistrotatmosphäre. *So abends u. Mo geschl. | 10, Rue du Docteur P. Gazagnaire | Tel. 04 93 68 72 02 | bistrot gourmand.canalblog.com | €€*

AUX BONS ENFANTS (138 B3)
Kalbsbraten mit Oliven, Artischockenterrine, gebratene Sardinen. Bei Luc Giorsetti sind Sie genau an der richtigen Adresse, wenn Sie in familiärer Atmosphäre gute regionale Küche kosten möchten. *So/Mo geschl. | 80, Rue Meynadier | kein Tel. | www.aux-bons-enfants.com | €*

INSIDER TIPP LA BROUETTE DE GRAND-MÈRE (139 D3)
Urgemütliches Restaurant mit einer Besonderheit: Es gibt nur ein Menü inkl. Champagner und Wein! Unbedingt reser-

---

MARCO POLO HIGHLIGHTS

⭐ **Boulevard de la Croisette**
Auf der Flaniermeile nach dem Jetset spähen und ein wenig Glamour schnuppern
→ S. 101

⭐ **Palais des Festivals et des Congrès**
Betonbunker mit weltberühmtem rotem Teppich – muss man gesehen haben!
→ S. 102

vieren. *Mo–Sa ab 19 Uhr, So 12–14 Uhr | 9, Rue d'Oran | Tel. 04 93 39 12 10 | www. labrouettedegrandmere.com | €€*

LE COMPTOIR DES VINS (139 D2)

Das Weinbistro von Fabrice Toubin – Wein kaufen, Wein trinken und dazu eine *foie gras* genießen. Kleine wechselnde Karte mit Spezialitäten des Küchenchefs. *Sa mittags u. So geschl. | 13, Blvd. de la République | Tel. 04 93 68 13 26 | www. lecomptoirdesvins-cannes.com | €*

LA PALME D'OR ✼ (139 D3)

Die „Goldene Palme" ist nicht nur der höchste Preis der Filmfestspiele, sondern gilt auch als eines der besten Restaurants der blauen Küste. Für die innovative Küche ist Chefkoch Christian Sinicropi verantwortlich, Kinodekor und Blick auf die Bucht verleihen ihr den glamourösen Rahmen. *Jan./Feb. u. So/Mo geschl. | 73, Blvd. de la Croisette | Tel. 04 92 98 74 14 | www.hotel-martinez. com | €€€ | Menü 79–180 Euro*

INSIDER TIPP VEGALUNA (139 D3)

Café und Restaurant direkt am Strand. Herrliches Ambiente, gutes Essen und sehr kinderfreundlich mit kleinem Spielplatz im Sand. Keine Menüs, nur à la carte. Die *tarte aux pommes* ist ein Genuss! *Tgl. 10–17 Uhr (je nach Wetterlage), Juli/Aug. auch abends | Blvd. de la Croisette | gegenüber vom Hotel Carlton | Tel. 04 93 43 67 05 | www.vegaluna.com | €€*

VOLUPTÉ (138 C2)

Ein kleines Häppchen in Cannes' angesagtem Teesalon. 150 Teesorten, dazu eine große Auswahl an belegten Bruschettas mit getrockneten Tomaten und Olivencreme oder Thunfisch mit Rucola, und dann etwas Süßes hinterher. *So geschl. | 32, Rue Hoche | Tel. 04 93 39 60 32 | www.volupte-anytime.com | €*

EINKAUFEN

Von Zara bis Dior – Cannes ist ein Shoppingparadies und hält für jeden Geldbeutel etwas bereit. Am *Boulevard de la Croisette* gehen die Schaufenster der Edeldesigner ineinander über; die *Rue d'Antibes* (138–139 B–D3) ist eine Geschäftsmeile mit Boutiquen aller Art. Wagen Sie einen Abstecher in die vielen Seitenstraßen der Rue d'Antibes: Hier stoßen Sie immer wieder auf unbekannte, originelle kleine Läden.

L'ATELIER JEAN LUC PELÉ (138 C2)

Da in Frankreich niemand um Schokolade herumkommt: Hier gibt es in Handarbeit gefertigte Pralinen der Extraklasse. Ein Hingucker und besondere Spezialität aus Mandeln, Puderzucker und Eiweiß sind aber die bunten *macarons* (Mandelbaisers) in allen nur denkbaren Geschmäckern. Himbeere, Feige, Tiramisu, Lavendel … Unbedingt probieren! *Tgl. | 42, Rue d'Antibes | www.jeanlucpele. com.* Weitere Filiale: *36, Rue Meynadier* (138 B2)

ERNEST (138 B3)

Der bekannteste Feinkosthändler der Stadt ist das Familienunternehmen Ernest mit seinen Läden und Konditoreien. Die Zutaten für seine Spezialitäten kauft Michel Ernest auf dem Marché Forville um die Ecke. Sein *Restaurant sur la pouce* („Restaurant auf die Hand") eignet sich für eine Stärkung unterwegs. *So geschl. | 52, Rue Meynadier | www.ernest-traiteur. fr.* Eigene *Pâtisserie (53, Rue Meynadier)*.

INSIDER TIPP MARCHÉ FORVILLE (138 A3)

Ein Bummel über den Marché Forville ist ein Muss! Orangen, Tomaten, Kräuter – im Mittelgang bieten die 🙂 Bauern der Region ihre Waren an. Wer eine Pause

CANNES

einlegen will, ist in einer der umliegenden Bars und Cafés genau richtig. *Di–So | Rue du Marché Forville*

LA PORCELAINE BLANCHE (139 D2)
Weißes Porzellan in allen Varianten: von Tellern, Butterdosen und Schalen über Tarteformen bis zum speziellen Muschelteller. Schlicht und mit allem kombinierbar. *So u. mittags geschl. | 18, Rue Lecerf*

VILEBREQUIN (138 C3)
Schicke Badehosen von der Côte d'Azur gibt es bei Vilebrequin. Die haben allerdings auch ihren Preis. Unifarben gibt es sie im Haus Nr. 37, bedruckt in der Nr. 77. Der absolute Hit sind die Partnerlook-Badehosen für Vater und Sohn (ab 2 Jahre). *So u. mittags geschl. | 37, Rue d'Antibes*

STRÄNDE

Einkaufstaschen in der einen, Badehandtuch in der anderen Hand: Stadt- und Strandleben liegen in Cannes unmittelbar nebeneinander. Cannes verfügt über eine große Anzahl von ● Stränden, die an die Strandrestaurants angeschlossen sind. Dort werden tageweise Liegen und Sonnenschirme vermietet (15–24 Euro). Pluspunkt: Umkleidekabinen und Service mit Getränken und Speisen direkt am „Liegeplatz".

An beiden Enden der Croisette liegen die frei zugänglichen Strände, ebenfalls alle mit Duschen ausgestattet. Besonders schön ist die INSIDER TIPP *Bijou Plage* (139 E5–6) am äußersten Zipfel der Croisette, kurz vor dem Palm Beach Casino. An den alten Hafen am *Quai Saint-Pierre* (138 B4–5) schließt sich ein kilometerlanger Sandstrand bis Mandelieu-La Napoule an.

AM ABEND

In Cannes sind die Nächte lang! Im berühmten *Croisette Casino (Palais des Festivals | www.lucienbarriere.com)*, im *Casino Palm Beach (Pointe Croisette | www.*

Zwischen Mittelmeer und Nobelhotel ganz normales Familienleben: Strand vor dem Carlton-Hotel

105

lepalmbeach.com) oder im *Casino Barrière Les Princes* (50, Blvd. de la Croisette | *www.lucienbarriere.com*) können Sie nach Lust und Laune zocken.

Nicht weit davon, rund um die Rue Docteur Monod (138 C3), liegt das Zentrum der Pubs und Bars. *Le Loft* (13, Rue du Dr Monod), *Via Notte* (13, Rue du Commandant André) oder *Morrison's Irish Pub* (10, Rue Teisseire): Die Auswahl ist groß: Loungen Sie nach Herzenslust.

Glamourös und ganz im Cannes-Chic geht es in den Clubs weiter: Angesagt ist das *Le Bâoli* (139 E5) (Port Pierre Canto | *www.lebaoli.com*), Restaurant, Lounge-Bar und Club in einem, das *Les Marches* (*www.lesmarches-club.com*) im Palais des Festivals mit ⛱ Dachterrasse und Ausblick auf Altstadt und Hafen oder die

Bar 4 U (6, Rue des Frères Pradignac): Party bis zum Morgengrauen.

Ein buntes Programm für Kulturinteressierte bietet die Veranstaltungsreihe „Made in Cannes" (*www.madeincannes. com*) im Palais des Festivals: Theater, Musik, Tanz und Kleinkunst von Absolventen der Hochschulen für darstellende Kunst und Musik von Cannes. Jung, innovativ und modern! Info und Vorverkauf: *La Malmaison* (47, Blvd. de la Croisette)

ÜBERNACHTEN

LE CHANTECLAIR (138 A3)

Wenige Schritte vom Marché Forville – zentraler wohnt man zu diesem Preis in Cannes kaum. Ruhig in einem Hinterhaus liegt das Hotel von Pierre und Liana Dalbigot. *15 Zi. | 12, Rue Forville | Tel. 04 93 39 68 88 | www.hotelchanteclair. com | €*

LE FLORIAN (138 C3)

Zentral, sauber, familiär, günstig. Was will man mehr. *20 Zi. | 8, Rue du Commandant André | Tel. 04 93 39 24 82 | www.hotel-leflorian.com | €*

HÔTEL DE PROVENCE (139 D3)

Kleines Hotel im provenzalischen Stil. Schöner, schattiger Vorgarten für den Kaffee am Morgen. Das Hotel liegt zentral zwischen Croisette und Rue d'Antibes. *30 Zi. | 9, Rue Moliére | Tel. 04 93 38 44 35 | www.hotel-de-provence.com | €€*

INTERCONTINENTAL CARLTON (139 D3)

Das Carlton: Hotellegende an der Croisette. Seit bald hundert Jahren empfängt das weltbekannte Hotel seine Gäste. Hier verliebten sich Frances (Grace Kelly) und John (Cary Grant) im Hitchcock-Klassiker „Über den Dächern von Nizza". Ein prachtvoller Belle-Époque-

LOW BUDGET

▶ Crêpes gibt's in Cannes bei Marie. Die herzhafte Variante heißt Galettes – ein gutes, schnelles und günstiges Mittagessen. *La Galette de Marie* **(138 B3)** *(Mo–Sa, Juli/Aug. auch So abends | 9, Rue Bivouac-Napoléon)*

▶ Für die Pizza zwischendurch auf zum *L'Avion* **(138 B3)** *(tgl. | 4, Rue Jean de Riouffe)*: zentral gelegen, viele Stammkunden, gute Pizza und eine große Auswahl an weiteren Gerichten zu vernünftigen Preisen.

▶ Strandtag: Ein preiswertes Mittelding zwischen dem mitgebrachten Handtuch und der teuren Mietliege sind Liegestühle, die man für 3,80 Euro halb- bzw. 6,80 Euro ganztags mieten kann. *Plage Zamenhoff (Blvd. de la Croisette)*

Bau, der die Croisette beherrscht. *338 Zi. u. Suiten | 58, Blvd. de la Croisette | Tel. 04 93 06 40 06 | www.ichotelsgroup.com | €€€ | 480–4800 Euro*

INSIDER TIPP **LE MISTRAL** (138 C3)
Familiäres Hotel im Herzen von Cannes, eine Minute von der Croisette. Perfekt für alle, die eine zentrale Lage, modernes Design und zuvorkommenden Service suchen. Die Zimmer im vierten Stock haben Meerblick. Kein Aufzug. *10 Zi. | 13, Rue des Belges | Tel. 04 93 39 91 46 | www.mistral-hotel.com | €€*

3,14 (139 D3)
In Asien einschlafen? Sich in afrikanische Kissen betten? Das etwas andere Hotel: Die Zimmer und Suiten sind im Stil der fünf Kontinente eingerichtet. Feng Shui, herrliche Dachterrasse mit Pool – ein Ort zum Wohlfühlen mit allem Komfort. *96 Zi. u. Suiten | 5, Rue François Einesy | Tel. 04 93 39 52 94 | www.314cannes.com | €€€*

ZIEL IN DER UMGEBUNG

ÎLES DE LÉRINS (144 A–B6) (*m B–C5*)
Nur 20 Minuten Bootsfahrt vom Trubel der Stadt entfernt liegen die beiden Inseln *Île Ste-Marguerite* und *Île St-Honorat*. Die Klosterinsel St-Honorat wird noch heute von Franziskanermönchen bewohnt. Was für ein idyllisches Plätzchen sie sich ausgesucht haben! Spazieren Sie über die Insel, nehmen Sie ein Bad im Meer, und besichtigen Sie dann die Klosterkirche und den Klosterladen. Wie wäre es mit einem Fläschchen Wein, von den Mönchen gekeltert *(www.abbayedelerins.com)*? Die größere Île Ste-Marguerite ist unbewohnt und ebenso gut für einen Spaziergang geeignet und für den Besuch des *Musée de la Mer (Okt.–Mai Di–So 10.30–13.15 u. 14.15–17.45, Juni–Sept. tgl. 10–17.45 Uhr | Eintritt 6 Euro)*, zum Picknicken und zum Baden in Felsbuchten. *Stdl. Abfahrten am Quai Laubeuf, gegenüber vom Hotel Sofitel | Hin- und Rückfahrt 14 Euro*

Die Rezeption zeigt es: Das Hotel Le 3,14 steht im Zeichen der Harmonie und der Kreiszahl Pi

MONACO

(145 E–F 2–3) (⌘ F2) Dort wo sich heute das Kasino und das Hôtel de Paris befinden, gab es vor 150 Jahren lediglich moosbedeckte Steine, Orangenbäume und Pinienwälder. Idylle pur, aber ohne jede wirtschaftliche und gesellschaftliche Perspektive. Am Willen der Vorfahren von Prinz Albert II. mangelte es dabei nicht. Ihre Idee: ein Spielkasino. Die waren 1850 in Frankreich verboten. Eine Marktlücke, die Monaco füllen wollte.

Allerdings war es zu dieser Zeit eine wahre Herausforderung, die Stadt zu erreichen. Von Nizza aus gab es die Wahl zwischen einer vierstündigen Fahrt mit der Pferdekutsche oder einer zweistündigen Schiffsfahrt. Kein Wunder, dass selbst eingefleischte Spieler zögerten. Derjenige, der die Situation retten sollte, hieß François Blanc: Der Franzose leitete mit großem Erfolg das Bad Homburger Spielkasino. Er gründete die heute noch erfolgreiche Société des Bains de Mer (SBM) und verlängerte die Eisenbahnstrecke von Cagnes-sur-Mer bis nach Monaco. So begann der Aufstieg des Fürstentums: In wenigen Jahren wurden über hundert Villen sowie zwanzig Hotels gebaut. Monaco (34 700 Ew.) wurde zum Inbegriff von Luxus. Heute ist *Le Rocher* (Der Felsen) eines der gefragtesten Ziele an der Côte d'Azur. Es besteht aus den Vierteln Monaco-Ville mit der Altstadt und dem Fürstenpalast, Monte Carlo mit Kasino, Grandhotels und Stränden, La Condamine dazwischen und dem Viertel Fontvieille, dessen Terrain durch Erdaufschüttung ins Meer gewonnen wurde.

Bild: Monte Carlo, rechts das Kasino

Felsen für Millionäre: Das kleine Fürstentum hat aber auch für Normalbürger eine Menge an Attraktionen zu bieten

WOHIN ZUERST?

Beginnen Sie Ihre Besichtigung im Herzen von Monte Carlo, am **Casino (143 D3)**. Vom Bahnhof ist es nicht weit bis zur Place du Casino. Wählen Sie dann die Avenue d'Ostende und gehen dort, wo die Formel-1-Wagen fahren. Das nächstgelegene Parkhaus ist „Casino". Von hier geht es zu Fuß, per Bus oder Boot nach Monaco-Ville.

SEHENSWERTES

CASINO DE MONTE CARLO ★
(143 D3)

Sie haben das Kasino vielleicht noch nie „live" gesehen, aber es kommt in so vielen Kinofilmen vor, dass seine Silhouette eigentlich niemandem unbekannt ist. 1878 wurde es von Charles Garnier, dem Architekten der Pariser Oper, entworfen. Die verschwenderisch eingerichteten Säle des Belle-Époque-Baus sind jedem zugänglich. Die ❄ Terrasse des

109

Kasinos, eine kleine Palmenoase, überragt das Meer und gewährt den schönsten Ausblick von Monaco bis zur italienischen Riviera.

Im selben Gebäude befindet sich die Oper, einst die Bühne des Ensembles „Ballets Russes" von Sergej Diaghilev, dessen Aufführungen Anfang des 20. Jhs. durch ihren avantgardistischen Stil oft für Furore sorgten und stilbildend wirkten. Heutzutage sind die Ballett- und Opernaufführungen von Monte Carlo weltberühmt. *Place du Casino | Eintritt 10 Euro | www.casinomontecarlo.com | www.opera.mc*

CATHÉDRALE DE MONACO (142 B5)

Die Kathedrale wurde 1875 im neo-romanischen Stil gebaut. Neben schönen Altarbildern von Louis Bréa liegt hier auch das Grab der 1982 tödlich verunglückten Fürstin Gracia Patricia, deren Weg vom Hollywoodstar zur monegassischen Prinzessin Legende wurde. *Tgl. 8.30–19 Uhr (im Winter bis 18 Uhr) | 4, Rue Colonel Bellando de Castro | Eintritt frei | www.cathedrale.mc*

COLLECTION DE VOITURES ANCIENNES (OLDTIMER-SAMMLUNG) (142 A4)

In einer prächtigen Ausstellungshalle werden ca. hundert Fahrzeuge der Fürstensammlung präsentiert. Von Kutschen des Prinzen Karl III. bis hin zum Rolls-Royce Silver Cloud und zum Hispano Suiza H6B. Natürlich hat der legendäre mittelmeerblaue Bugatti 35 B, 1929 Gewinner des ersten Grand Prix von Monte Carlo, einen Ehrenplatz. *Tgl. 10–18 Uhr | Les Terrasses de Fontvieille | Eintritt 6 Euro | www.palais.mc*

JARDIN EXOTIQUE ★ ☼ (142 A4)

Blühende Riesenkakteen in allen Farben und Formen, exotische Pflanzen, afrikanische Bäume: Das Mikroklima macht's möglich, und das Ergebnis ist ebenso erstaunlich wie wundervoll. Und das das

Ein Park, in dem das ganze Jahr über Kakteen blühen: der Jardin Exotique

MONACO

ganze Jahr über – irgendein Kaktus blüht immer. Außerdem gehören zu der Anlage eine Tropfsteinhöhle und eine phänomenale Aussicht. *Tgl. 9–18 Uhr (15. Mai–15. Sept. 9–19 Uhr) | 62, Blvd. du Jardin Exotique | Eintritt 7,20 Euro | www.jardin-exotique.mc*

INSIDERTIPP ▶ JARDIN JAPONAIS
(143 E3)
Ein Vermächtnis von Fürstin Gracia Patricia: Nach ihren Wünschen hat der japanische Architekt Yasuo Beppu den Japanischen Garten realisiert. Eine von den Shinto-Prinzipien bestimmte, 7000 m² große Oase der Ruhe mitten im modernen Viertel Larvotto. *April–Okt. tgl. 9–19 Uhr, Nov.–März 9–18 Uhr | Av. Princesse Grace | Eintritt frei*

MUSÉE ET INSTITUT OCÉANOGRA-PHIQUE DE MONACO (OZEANOGRAFI-SCHES MUSEUM) ★ ● ☀ (142 C5)
Ein riesiges Meereskundemuseum, malerisch in die Steilküste gebaut, 85 m über dem Mittelmeer. Hobbywissenschaftler Prinz Albert I. gründete es im Jahr 1910, um die Meeresschätze allen und für alle Zeit zugänglich zu machen. Die 90 Aquarien, in denen sich 350 Fisch- und 100 Korallenarten tummeln, sind bemerkenswert. Außerdem sind viele Filme zu sehen – drei von ihnen oscarprämiert – gedreht vom weltberühmten Ozeanologen Jacques-Yves Cousteau, der 30 Jahre lang Leiter des Museums war. *Okt.–März tgl. 10–18, April–Juni/ Sept. 9.30–19, Juli/ Aug. 9.30–20.30 Uhr | 2, Av. Saint-Martin | Eintritt 14 Euro | www.oceano.mc*

LE PALAIS PRINCIER ★ ☀ (143 B4)
Der Fürstenpalast thront über dem Fürstentum auf einem 60 m aufragenden Felsen. Im 17. Jh. wurde er auf die ehemalige genuesische Festung aus dem 13. Jh. gebaut. Jeden Tag um 11.55 Uhr findet hier die Wachablösung statt; im Winter sind die Wachen schwarz und im Sommer weiß gekleidet. Im Südflügel des Palastes befinden sich die (natürlich nicht zugänglichen) Privatgemächer der Familie Grimaldi. Von der mit Fresken dekorierten *Galerie d'Hercule* aus können Sie in den wunderschönen *Cour d'Honneur* blicken. Hier fand am 2. Juli 2011 die Hochzeitszeremonie für Fürst Albert II. und Charlene Wittstock statt. Der prächtige *Thronsaal*, der seit dem 16. Jh. für offizielle Empfänge genutzt wird, und die reich möblierten *Grands Appartements* können besichtigt werden. *April–Okt. tgl. 10–18 Uhr | Eintritt 9 Euro (Ticketreservierung auch online möglich) | www.palais.mc*

LE ROCHER (142 B4–5)
Die Altstadt Monacos ist bekannt als „der Felsen". Durch die schmalen, hügeligen Altstadtgässchen gelangen Sie zum Justizpalast, zur malerischen Place Saint Nicolas, zur Gartenanlage Jardins Saint Martin und natürlich zum Fürstenpalast.

★ **Casino de Monte Carlo**
Legendäres Spielkasino am selben Platz wie das Hôtel de Paris → S. 109

★ **Jardin Exotique**
Wo nicht nur die Kakteen blühen → S. 110

★ **Musée Océanographique**
20 000 Meilen unter dem Meer – und ein paar Meter oben drüber → S. 111

★ **Le Palais Princier**
Zu Besuch bei Fürst Albert und Fürstin Charlene → S. 111

MARCO POLO HIGHLIGHTS

111

ESSEN & TRINKEN

HUIT ET DEMI (143 B4)

Hübsches Restaurant in der Fußgängerzone. Mediterrane Küche, und zum Dessert gibt es z. B. **INSIDER TIPP** *fondant au chocolat,* den französischsten Nachtisch überhaupt! *Sa mittags u. So geschl.* | *4, Rue Langlé/Rue princesse Caroline* | *Tel. 0 03 77 93 50 97 02* | *www. huitetdemi.com* | €€

LE LOUIS XV (143 D3)

Abendessen bei Alain Ducasse – seit 1990 drei Sterne im Guide Michelin – in einem prächtigen Grandhotel im Stil von Versailles. Mondän, elegant, allgegenwärtiger Luxus und kulinarischer Hochgenuss. *Di, Mi geschl. (Mitte Juni–Mitte Aug. Mi abends geöffnet)* | *Place du Casino* | *Tel. 0 03 77 98 06 88 64* | *www.alainducasse.com* | €€€

LA MAISON DU CAVIAR (143 D3)

Eines der ältesten Restaurants der Stadt. In rustikalem Ambiente sitzen Sie natürlich bei Kaviar, aber auch bei anderen Köstlichkeiten wie *foie gras* und *saumon fumé.* Ein Klassiker. *Tgl.* | *1, Av. Saint Charles* | *Tel. 0 03 77 93 30 80 06* | €€

LA PLACE DU MARCHÉ (142 B4)

Lust auf ein gutes Sandwich oder einen frischen Salat? Im „Marktplatz" gibt es eine große Auswahl, dazu ein schönes Plätzchen im Freien, und schmecken tut's außerdem. *Tgl.* | *3, Place d'armes* | *Tel. 0 03 77* | *97 77 73 40* | €

QUAI DES ARTISTES (143 F5)

Mediterrane Küche und südfranzösische Stimmung suchen Sie hier vergeblich. In der typischen Pariser Brasserie direkt am Hafen mit der Replik eines Metro-Eingangs und schwarz-weiß gekleideten Garçons wird die authentische, traditionelle Küche der Hauptstadt zelebriert. *Tgl.* | *4, Quai Antoine 1er* | *Tel. 0 03 77 97 97 97 77* | *www.quaidesartistes. com* | €€

LE SAINT-BENOIT ✳ (143 C3)

Seit über 20 Jahren erfreuen sich Fischliebhaber an den Klassikern von Marcel Athimond und seinem Team: Meerespfanne (Hummer, Seeteufel, Scampi, Calamari) oder Shrimpstartelette. Der Service ist aufmerksam-freundlich, das Restaurant geräumig und der Blick auf den Hafen und die Grimaldi-Felsen umwerfend. *So abends u. Mo geschl.* | *10, Av. de la Costa* | *Parkplatz de la Costa*

LOW BUDGET

▶ Das *Hôtel Miramar (25 Zi.* | *126, Av. du 3 Septembre* | *Cap d'Ail* | *Tel. 04 93 78 06 60* | *www.monte-carlo. mc/hotel-miramar-capdail)* in Cap d'Ail **(145 E3)** (*⑭ F2*) ist ein familiengeführtes Hotel, preiswert, sauber und komfortabel.

▶ Zweimal Fast Food in Fontvieille: Als Take-away gibt es im *Alden't* **(142 A5)** *(Rue de la Lujerneta)* ein Pastamenü für nur 9 Euro (Pasta, Getränk, Dessert). Asiatische Tapas kommen im *Zenzen* **(142 A4)** *(tgl.* | *25, Av. Albert II* | *www.zenzen.com)* auf das Tablett. Zum Mitnehmen oder Sofortessen im farbig-freundlichen Restaurant.

▶ Die *Tip Top Caféteria* **(143 D3)** *(11, Av. des Spélugues)* ist für den kleinen Hunger rund um die Uhr geöffnet und verfügt über eine große Auswahl an leckeren Toasts.

112 www.marcopolo.de/nizza

MONACO

5. Stock | Tel. 00377 93 25 02 34 | www. lesaintbenoit.monte-carlo.mc | €€–€€€

LE VIRAGE (142 B4)
Schicke Adresse am Hafen. Weißes Dekor mit Blick auf weiße Yachten. Dazu gibt es maritime Küche – mediterran und asia-

det sich die Shoppingmall *Le Métropole* (143 D3) mit über 80 Geschäften und Boutiquen. Und im Stadtteil La Condamine (142 B4) laden um die Straßen *Rue Grimaldi* und *Rue Princesse Caroline* 200 Geschäfte zum Bummeln und Shoppen ein. Der Stadtteil Fontvieille mit dem

Unprätentiös und leger: das Restaurant Le Virage am Yachthafen

tisch. Lachs im Teedampf gegart in Soja-Honig-Sauce neben gebratenen Calamares in *pistou* (Kräutersauce). Interessant ist auch das INSIDER TIPP Mittagsmenü zum monaco-untypischen Preis von 17 Euro. *Tgl. (So nur Brunch 10–15 Uhr) | 1, Quai Albert | Tel. 00377 93 50 77 21 | www.virage.mc | €–€€*

EINKAUFEN

Natürlich sind alle Nobeldesigner mit ihren Boutiquen vertreten. Wenn Sie tief in die Tasche greifen wollen, werden Sie in den Straßen rund um das Casino, im sogenannten *Cercle d'Or* (143 D3), fündig. Gegenüber den Jardins du Casino befin-

familienfreundlichen *Centre Commercial de Fontvieille* (142 A4), dessen 36 Boutiquen und dem Supermarkt bietet günstigere Alternativen und Produkte.
Jeweils im Januar und im Juli ist Schlussverkauf *(soldes)*, den Sie sich nicht entgehen lassen dürfen, wenn Sie zufällig zu diesem Zeitpunkt in der Nähe von Monaco sind: Die schönsten und luxuriösesten Designerboutiquen der Welt reduzieren die Preise stark.

FREIZEIT & SPORT

BOOTSTOUREN (142 C4)
Bootstouren von Monaco aus bietet das Unternehmen *Riviera Navigation* an. Auf

113

dem Fahrplan stehen z. B. Fahrten entlang der französischen und italienischen Riviera, zu den Îles de Lérins vor Cannes und sogar eine Whale-Watching-Tour, um Delphine zu beobachten. Praktisch für Ihr Sightseeing zu Fuß ist der *bateau bus,* der „Schiffsbus", der im 20-Minuten-Takt von Monte Carlo durch den Hafen nach Monaco-Ville und zurück fährt. *Appontement de la Chicane, Quai des Etats-Unis/Port Hercule | Tel. 0 03 77 92 16 15 15 | www. riviera-navigation.com*

SKI VOL (143 E–F3)

Parasailing, Flyfish, Donuts (leider auch laute Jetskis) – alles, was das Wassersportlerherz erfreut, finden Sie an der Plage Larvotto. Im Sommer schlägt Ski Vol hier sein Lager auf und hält alles für den Spaß auf dem Wasser bereit. *Im Sommer tgl. | www.skivol.net | Bus 4 u. 6*

LES THERMES MARINS (143 D4)

In dem Wellness- und Beautycenter der Superlative (6000 m²) mit Blick aufs Mittelmeer genießen Sie total entspannt professionelle Anwendungen. Dazu gibt es ein herrliches Meerwasserschwimmbad. *2, Av. de Monte Carlo | Tel. 0 03 77 98 06 69 00 | Tageskarte ohne Behandlung 90 Euro | www. thermesmarinsmontecarlo.com*

AM ABEND

Das Nachtleben ist Teil der Fürstentumslegende. Entsprechend groß ist das Angebot: ein exklusiver Cocktail aus Glamour, Clubbing, Galadiner, Kasino. Aber auch Kulturbegeisterte sind in Monaco richtig: Zusätzlich zu den vielfältigen und qualitativ hochwertigen Programmen des *Théâtre Princesse Grace* (143 D4) *(12, Av. d'Ostende | Tel. 0 03 77 93 25 32 27 | www.tpgmonaco.mc)* und des *Orchestre Philharmonique de Monte*

Carlo (143 D4) *(Auditorium Rainier III | Tel. 0 03 77 98 06 28 28 | www.opmc.mc)* gibt es zahlreiche gute Musik- und Theaterfestivals.

BUDDHA BAR (143 D3)

Tolle Lounge-Atmosphäre in besonderem Ambiente, an die Opéra Garnier in Paris erinnernd. Asiatische Küche mit sehr gutem Sushi, Cocktails um die 17 Euro – alles direkt im Kasinogebäude. *Tgl. 18–2 Uhr | Place du Casino | www. buddhabar.com*

LE JIMMY'Z (143 E3)

Es ist schwierig, ein nobleres Etablissement als Le Jimmy'z zu finden. Hier zeigen sich die „beautiful people" der Côte d'Azur. Von Glasflächen umgeben, wirkt der Tanzbereich wie eine grüne Oase – das Meer als Hintergrund. *Mai–Sept. tgl. ab 23.30 Uhr (Okt.–April Mo/ Di geschl.) | 26, Av. Princesse Grace | fr.jimmyzmontecarlo.com*

LA NOTE BLEUE (143 E–F3)

Cool und jazzy verbringt man den Abend im La Note Bleue: essen und trinken am Strand bei ausgewählter Musik, mittwochs bis samstags auch live von bekannten Jazzmusikern. *Tgl. | Av. Princesse Grâce | Plage du Larvotto | www. lanotebleue.mc*

SASS CAFÉ (143 E3)

Die Pianobar ist der perfekte Einstieg in den Abend: Die VIP's treffen sich hier vor der langen Partynacht. Auch beliebt bei Nachtschwärmern, wenn alles andere geschlossen ist. *Tgl. | 11, Av. Princesse Grace | www.sasscafe.com*

STARS 'N' BARS (143 F5)

Formel-1- und Sportbegeisterte treffen sich in der über Monaco hinaus bekannten Bar: amerikanisches Essen und Plas-

114   www.marcopolo.de/nizza

MONACO

mabildschirme mit aktuellen Sportereignissen. *Tgl. 11–24 Uhr | 6, Quai Antoine 1er | www.starsnbars.com*

ÜBERNACHTEN

Wenn Sie unbedingt im zweitkleinsten Staat der Welt übernachten wollen, müssen Sie bereit sein, tief in die Tasche zu greifen: Lediglich zwei Zwei-Sterne-Hotels gibt es im Fürstentum.

COLUMBUS (142 A5)

Wenn ein ehemaliger schottischer Formel-1-Star ein Drei-Sterne-Hotel in Monaco eröffnet, kann man sicher sein, dass etwas ganz Besonderes entsteht: Es ist chic und stylish bis ins kleinste Detail. Der Rennfahrer heißt David Coulthard, das Hotel liegt in Fontvieille nur etwa 500 m vom Strand entfernt. Die Zimmer sind sehr freundlich und geschmackvoll eingerichtet und vergleichsweise erschwinglich. *181 Zi. | 23, Av. des Papalins | Tel. 0 03 77 92 05 90 00 | www.columbushotels.com | €€€*

HÔTEL CAPITOLE (143 D3)

Das Hotel liegt im französischen Beausoleil, aber so nah an Monaco, dass z. B. das Kasino zu Fuß zu erreichen ist. Parkmöglichkeiten in der Nähe, freundlicher Service und akzeptable Preise für die Nähe zu Monaco. *19 Zi. | 19, Blvd. du Général Leclerc | Beausoleil | Tel. 04 93 28 65 65 | www.hotel-capitole.fr | €€€*

HÔTEL DE FRANCE (142 B4)

Schon beinahe eine Sehenswürdigkeit: ein Zwei-Sterne-Hotel in Monaco. Sehr einfache Zimmer, aber: erschwinglich! Sehr freundlicher Service. *26 Zi. | 6, Rue de la Turbie | Tel. 0 03 77 93 30 24 64 | www.monte-carlo.mc/france | €€*

MONTE CARLO BAY (143 F3)

Das Hotelresort überragt das Meer mit 4 ha Garten und Luxus direkt am Strand: fünf Restaurants, Innenpool, eine Lagune mit weichem Sandboden, Spa, Theater, zwei Kasinos. *344 Zi. | 40, Av. Princesse Grace | Tel. 0 03 77 98 06 02 00 | www.montecarlobay.mc | €€€ | ab 395 Euro*

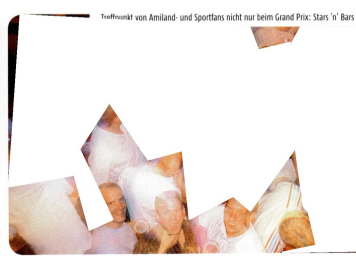

Treffpunkt von Amiland- und Sportfans nicht nur beim Grand Prix: Stars 'n' Bars

MIT KINDERN UNTERWEGS

LE BOIS DES LUTINS (144 B4) *(m C3)*
Der „Wichtelwald" ist ein Paradies für kleine und große Kletterer: Baumhäuser, Kletternetze und Rutschen von Baum zu Baum, die längste 18 m lang! Außerdem: schattige Picknickplätze für eine Pause. *Juli/Aug. tgl. 10–17, Feb.–Juni u. Sept.–Mitte Nov. Sa/So 10–16, Mi 13–16 Uhr (in den Ferien tgl. 10–16 Uhr) | 2559, Route de Grasse | Villeneuve-Loubet | Eintritt 14,50 Euro, Kinder (2–4 Jahre) 7,50 Euro | www.leboisdeslutins.com | Bus 500 (Nizza–Grasse) bis „Tennis de la Vanade"*

CONFISERIE FLORIAN ● (137 D5)
Süßwaren aus Früchten und Blumen der Region – schauen Sie in der Werkstatt zu, wie Bonbons, Schokolade, Konfitüren und kandierte Früchte in Handarbeit hergestellt werden. Besondere Spezialität: kandierte Clementinen *(clémentines confites)*. Die Franzosen lieben sie! Zuschauen, probieren, kaufen! *Tgl. 9–12 u. 14–18.30 Uhr | 14, Quai Papacino | Nizza | Eintritt frei | www.confiserieflorian.com | Bus Place de l'Ile de Beauté*

GELATERIA AZZURO (136–137 C–D5)
Bei Fenocchio ist zwar die Auswahl größer, aber wenige Meter von der Place Rossetti entfernt geht es weitaus kinderfreundlicher zu! Weniger lange Schlangen, ein Extra-Gummibärchen auf der Eiskugel, sehr netter Service. *Tgl. (Winterpause) | 1, Rue St. Réparate | Nizza | Altstadt | Tel. 04 93 13 92 24*

INLINESKATING (136 C5)
Fürs „Familien-Inlineskating" geht es direkt an der Promenade bei der *Roller Station (April–Juni, Sept./Okt. tgl. 10–19, Juli/Aug. 9.30–24, Nov.–März 10–18 Uhr | 49, Quai des Etats-Unis | Nizza | 6 Euro/2 Std., 8 Euro/Tag; Schützer 2 Euro | www.roller-station.fr | Bus Albert 1er)* los. Die breite Promenade mit ihrer Extraspur für Fahrräder bzw. Inliner ist ideal für einen **INSIDER TIPP** ▶ **Familienspaß auf Rollen**.

MARINELAND (144 B4) *(m C4)*
Delphine, Orcas, Haie und Robben: Im größten Meerespark Europas sehen Kinder, was sie sonst nur aus Büchern und dem TV kennen. Sicher kein Low-Budget-Tipp; eher ein „Reisebonbon". *Feb.–April, Okt.–Dez. tgl. 10–18, Mai/Juni, Sept. 10–19, Juli/Aug. 10–23 Uhr | Espace Marineland | 306, Av. Mozart | Antibes | Eintritt 38 Euro, Kinder (3–12 Jahre) 30 Euro | www.marineland.fr*
Das angrenzende *Kid's Island (Eintritt 13 Euro, Kinder (3–12 Jahre) 10 Euro)* mit

Neben dem 8 km langen Strand von Nizza gibt es noch viel mehr Tummelplätze – nicht nur unter freiem Himmel

vielen Tieren, Ponyreiten, Minizug und riesigen Hüpfburgen ist für kleinere Kinder ein toller Ausflug.
Zum Espace Marineland gehört der Wasserpark *Aquasplash (Mitte Juni–Anf. Sept. 10–19 Uhr | Eintritt 26 Euro, Kinder 20 Euro):* ein Parcours aus Rutschen, Wasserkanonen und Wellenrutschen mit Gummireifen. *Mit dem Ticket „TER + Marineland" Nizza–Biot (Bahnhof 200 m vom Marineland) ist die Bahnfahrt kostenlos*

MUSÉE OCÉANOGRAPHIQUE ●
(142 C5) (*F2*)
Ein Paradies für Kinder sind die rund 90 Aquarien mit ihren 350 Fischarten. Aber das Beste ist das **INSIDER TIPP** **Riesenaquarium voller Nemos**! Und natürlich sind auch die Kindermenüs im Restaurant auf der Dachterrasse, die Filme über die Unterwasserwelt und die Boutique mit den Plüschfischen etc. höchst interessant. *Okt.–März tgl. 10–18, April–Juni/Sept. 10–19, Juli/Aug. 10–20 Uhr | 2, Av. Saint-Martin | Monaco | Eintritt 14 Euro, Kinder (4–12 Jahre) 7, (13–18 Jahre) 10 Euro | www.oceano.mc*

PARC PHOENIX (144 C3) (*D3*)
Entdeckungspark rund um exotische Tiere und Pflanzen aus aller Welt. Eine grüne Oase und ein Spaziergang durch sieben Klimazonen: „Der Grüne Diamant" *(Le Diamant Vert)* ist eines der größten Gewächshäuser Europas. *April–Okt. tgl. 9.30–19.30, Nov.–März 9.30–18 Uhr | 405, Promenade des Anglais | Nizza | Eintritt 2 Euro, Kinder unter 12 Jahren frei | www.parc-phoenix.org | Bus Arénas*

SPIELPLATZ (137 D5)
Hier oben auf der *Colline du Château* werden die Kinder nach einer langen Stadtbesichtigung versöhnt. Ein Spielplatz für die Kleinen, ein Riesenkletterturm für die Größeren, eine große Wiese zum Rennen und ein kleines Café mit Eis und Getränken. Für eine richtige Gaudi (und eine kleine Dusche) sorgt der nahegelegene Wasserfall. *Nizza*

117

EVENTS, FESTE & MEHR

Die Festivals an der Côte d'Azur haben Weltklasse! Neben traditionellen Festen sind es Festivals mit internationalem Renommee, die nach Nizza und Umgebung locken. Nizza fiebert jedes Jahr seinem bunt-berühmten Karneval entgegen, beim Zirkusfestival von Monaco tanzen die Clowns, und im Sommer jagt ein Feuerwerk das andere.

FEIERTAGE

1. Januar; Neujahr **März/April** Ostermontag; **1. Mai** Tag der Arbeit; **8. Mai** Waffenstillstand 1945; **Mai/Juni** Christi Himmelfahrt, Pfingstmontag; **14. Juli** Nationalfeiertag; **15. August** Mariä Himmelfahrt; **1. November** Allerheiligen; **11. November** Waffenstillstand 1918; **25. Dezember** Weihnachten

VERANSTALTUNGEN

JANUAR
▶ ★ *Festival International du Cirque de Monte Carlo:* Fürstentum im Zirkusrausch! Artisten, Clowns und Dompteure – und natürlich nur die besten. Das renommierteste Zirkusfestival der Welt. *www.montecarlofestival.mc*

FEBRUAR
▶ *Carnaval de Nice:* Umzüge und Blumenkorsos – Abertausende von Blüten verwandeln die Promenade in ein Blumenmeer. Achtung: Die Karnevalsfeierlichkeiten finden oft nach dem Aschermittwoch statt! *www.nicecarnaval.com*

MÄRZ
▶ *Festin des Cougourdons:* Kürbisse in den bizzarsten Formen schmücken die Gärten von Cimiez, wenn die Nizzaer Ende März den Frühling willkommen heißen.

APRIL
▶ *Semi-Marathon International de Nice:* ein Riesenfest rund ums Laufen – mit über 8000 Teilnehmern. *www.nicesemimarathon.com*

MAI
▶ *La Fête des Mais:* an allen Sonn- und Feiertagen Folkloreaufführungen, Tanz und Picknick in den Arenen und Gärten von Cimiez
▶ *Festival de Cannes:* die Welt des Films in Cannes. Für Nicht-Promi-Festivalbesucher gibt es das Filmprogramm der
▶ *Quinzaine des Réalisateurs* (Infos u. Tickets im Malmaison | Cannes | www.

Tradition, Glanz & Glamour:
Der Festivalkalender an der Côte d'Azur ist prall gefüllt – zu jeder Jahreszeit

quinzaine-realisateurs.com). *www.festival-cannes.fr*
▶ *Grand-Prix de Monaco:* Der Asphalt bebt beim spektakulären Formel-1-Rennen. *www.grand-prix-monaco.com*

JUNI
▶ *Fête de la Saint-Pierre:* Die Fischer Nizzas ehren das Meer. Traditionelles Fest am Monatsende im Nizzaer Hafen
▶ *Fête de la Musique:* Sommeranfang und Musik – der 21. Juni ist der „Tag der Musik". *www.fetedelamusique.culture.fr*

JULI/AUGUST
▶ *Jazz à Juan:* Jazz, Meer und Pinien in Antibes – eine fantastische Kombination! *www.jazzajuan.fr*
▶ ● *Nice Jazz Festival:* laue Sommerabende unter Palmen, dazu Musik vom Feinsten im Jardin Albert 1er. *www.nicejazzfestival.fr*
▶ ● INSIDER TIPP *Festival d'Art Pyrotechnique de Cannes:* einzigartiges Feuerwerksspektakel in der Bucht von Cannes; sechs Länder treten an – sechs Abende Feuerwerksvergnügen. Und dazu ein Picknick am Strand! *www.festival-pyrotechnique-cannes.com*

SEPTEMBER
▶ *Monaco Yacht Show:* einmal reinschnuppern in die Welt des Luxus? Die größten und teuersten Yachten Europas laufen in den Hafen von Monaco ein. *www.monacoyachtshow.com*

NOVEMBER
▶ INSIDER TIPP *Marathon des Alpes-Maritimes:* Seit 2008 findet entlang der Küste von Nizza nach Cannes der Marathon mit ca. 10 000 Teilnehmern statt. *www.marathon06.com*

DEZEMBER
▶ *Village de Noël:* Auf Nizzas Promenade du Paillon findet jährlich bis in den Januar hinein der Weihnachtsmarkt statt.

LINKS, BLOGS, APPS & MORE

LINKS

▶ www.nice-panorama.com Besichtigen Sie virtuell die Altstadt von Nizza, das Zentrum und den Hafen von Antibes oder die Croisette in Cannes

▶ www.guidegantie.com Der Guide Gantié ist eine Institution, wenn es um Restaurantbewertungen geht. Jedes Jahr stellt er eine Auswahl an besonders empfehlenswerten Restaurants, Chambres d'hôtes und Delikatessenläden zusammen. Ein toller Gourmetführer für Genießer

▶ www.nicerendezvous.com Alles über Nizza: Gesellschaft, Politik, Sport, Aufführungen und Küche

▶ www.rczeitung.com Website der deutschsprachigen „Riviera-Zeitung" mit Lokalnachrichten, Veranstaltungstipps und Serviceinformationen

▶ www.marcopolo.de/nizza Alles auf einen Blick zu Ihrem Reiseziel: Interaktive Karten inklusive Planungsfunktion, Impressionen aus der Community, aktuelle News und Angebote ...

BLOGS & FOREN

▶ www.ben-vautier.com Der Blog des bekannten Nizzaer Künstlers Ben Vautier – ausgeflippt. Ein amüsantes Klicken durch Bens Fotowelt. Außerdem, auf Französisch, Kunterbuntes rund um Fluxus, Ben und seine ungewöhnlichen Ideen

▶ mp.marcopolo.de/niz1 Shoppen ist ihr Hobby und Beruf. Und so stellt die „Personal Shopperin" Anne in ihrem Blog neue Shops, Lieblingsboutiquen und Modeschauen vor und hat in ihrem Forum auf alle Fragen einen Tipp parat

▶ mp.marcopolo.de/niz2 Der „Promenade-des-Anglais-Blog" informiert über Wissenswertes und Kurioses rund um die Promenade – wie sie in der Nacht beleuchtet ist, dass sie von 1300 Palmen, vier Pergolas und zehn Zeitungskiosken gesäumt wird und wie sie zur Marathon-, Karnevals- und Weihnachtszeit aussieht

120

VIDEOS & STREAMS

▶ mp.marcopolo.de/niz3 Sollten Sie Pech haben und bei schlechtem Wetter nach Nizza einfliegen, erfreuen Sie sich hier an dem spektakulären Anflug über die Küste

▶ mp.marcopolo.de/niz7 Stream des lokalen englischen Radiosenders Riviera Radio (106.5).Musik, Veranstaltungstipps, Wetter und Aktuelles aus Nizza und Umgebung

▶ mp.marcopolo.de/niz8 Zur Einstimmung auf das Chagall-Museum ein vierminütiges Video mit dem Titel „Chagall and Bella – a love story". Eine Hommage Chagalls an seine Frau Bella, ausgedrückt in seinen Bildern, unterlegt mit der Musik von „Send in the clowns" und Zitaten aus der Autobiografie des Meisters „Mein Leben"

APPS

▶ Musée National Marc Chagall Eine App, die Sie durch die Welt Chagalls führt: Fotogalerie, Audiobesuch des Museums, Hinweise auf aktuelle Ausstellungen und praktische Informationen

▶ Monument Tracker Wo bin ich, und was ist um mich herum? Die App ortet Sie und zeigt, welche von den 120 gespeicherten Bauwerken und Sehenswürdigkeiten Nizzas in der Nähe sind. Monument Tracker gibt es auch für Antibes, Cannes und Monaco

▶ MARCO POLO Travel Guide Nizza leitet auch ohne Internetverbindung zuverlässig durch den Großstadtdschungel. Greifen Sie auf bewährte Kategorien wie Sehenswertes, Essen & Trinken und Einkaufen zurück, oder stellen Sie sich eigene Touren zusammen

NETWORK

▶ mp.marcopolo.de/niz4 Jede Menge Tipps und Infos von Leuten, die vor Ihnen da waren

▶ mp.marcopolo.de/niz5 Tripadvisor ist hinlänglich bekannt, aber immer voll mit Tipps und Bewertungen zu Nizzas Hotels, Restaurants und Aktivitäten

▶ mp.marcopolo.de/niz6 Restaurants, Bars, Kino und Theater. Alles, was gerade in ist, was neu ist, was läuft und was gefällt, finden Sie bei Cityvox

Für den Inhalt der auf diesen Seiten genannten Adressen übernimmt der Verlag keine Verantwortung

ANREISE

Über die Autobahn geht es über Mulhouse, Lyon, Orange und Aix-en-Provence nach Nizza. Wer aus Süddeutschland kommt, kann auch die Brenner- bzw. die Gotthardautobahn nehmen und dann über Mailand und Genua anreisen. Länger ist die Route Napoléon über Digne-les-Bains und Grasse. Die französischen Autobahnen sind mautpflichtig. Mit dem PKW zahlen Sie für 100 km ca. 5,50 Euro. Für Motorräder und Wohnmobile gelten Staffelpreise. Die Gebühren können bar oder mit Kreditkarte gezahlt werden. Auch für die österreichischen und italienischen Autobahnen sowie für den Brenner zahlt man Gebühren. In der Schweiz brauchen Sie eine Jahresvignette.

GRÜN & FAIR REISEN

Auf Reisen können auch Sie mit einfachen Mitteln viel bewirken. Behalten Sie nicht nur die CO_2-Bilanz für Hin- und Rückflug im Hinterkopf (www.atmosfair.de), sondern achten und schützen Sie auch nachhaltig Natur und Kultur im Reiseland (www.gate-tourismus.de; www.zukunft-reisen.de; www.ecotrans.de). Gerade als Tourist ist es wichtig, auf Aspekte zu achten wie Naturschutz (www.nabu.de; www.wwf.de), regionale Produkte, Fahrradfahren (statt Autofahren), Wassersparen und vieles mehr. Wenn Sie mehr über ökologischen Tourismus erfahren wollen: europaweit www.oete.de; weltweit www.germanwatch.org

Die Anreise per Bahn erfolgt – je nachdem woher Sie kommen – über Paris, Lyon, Straßburg oder Mailand. Informationen unter www.bahn.de, www.sbb.ch, www.oebb.at. Innerhalb Frankreichs verkehrt der Hochgeschwindigkeitszug TGV (www.voyages-sncf.com).

Der Flughafen Nice-Côte d'Azur (www.nice.aeroport.fr) liegt zentral und nicht weit vom Stadtzentrum entfernt. Zur Orientierung: Terminal 1 dient internationalen, Terminal 2 nationalen Flügen. Low-Cost-Airlines aus verschiedenen Städten bieten – rechtzeitig gebucht – gute Möglichkeiten, günstig nach Nizza zu kommen. Auch Lufthansa hat immer wieder gute Angebote ab 89 Euro (Steuern und Gebühren inkl.). Öffentliche Busse fahren am Terminal 1 ab. Ins Zentrum fährt der Bus 23; Tickets (1 Euro) gibt es direkt im Bus. Die Busse 98 und 99 von Lignes d'Azur fahren für 6 Euro in die Stadt. Tickets hierfür sind am Schalter des Busbahnhofs zu kaufen.

AUSKUNFT

ATOUT FRANCE – FRANZÖSISCHE ZENTRALE FÜR TOURISMUS
– Deutschland (Postfach 100 128 | 60001 Frankfurt | info.de@rendezvousenfrance.com | de.rendezvousenfrance.com)
– Österreich (Tel. 01 5 03 28 92 | info.at@rendezvousenfrance.com)
– Schweiz (Tel. 00 41 2 17 46 00 | info.ch@atout-france.fr)

OFFICE DE TOURISME NICE
– 5, Promenade des Anglais (136 B5) (Tel. 08 92 70 74 07 | www.nicetourisme.com)

– *Flughafen Nizza* (144 C4) *(Terminal 1 | Tel. 08 92 70 74 07)*
– *Bahnhof SNCF* (136 B4) *(Av. Thiers | Tel. 08 92 70 74 07)*
– *www.nice.fr* ist die offizielle Website der Stadt Nizza mit Nachrichten, Kultur und touristischen Infos

OFFICE DE TOURISME ANTIBES
– *11, Place du Général de Gaulle | Antibes* (141 D3) *| Tel. 04 97 23 11 11*
– *55, Blvd. Charles Guillaumont | Juan-les-Pins* (140 B6) *| Tel. 04 97 23 11 10 | www.antibes-juanlespins.com*

OFFICE DU TOURISME DE CANNES
(138 B3)
Palais des Festivals | 1, Blvd. de la Croisette | Tel. 04 92 99 84 22 | www.cannes-destination.fr

OFFICE DE TOURISME MONACO
(143 D3)
2a, Blvd. des Moulins | Tel. 0 03 77 92 16 61 16 | www.visitmonaco.com

BOOTSTOUREN

Einstündige Küstenfahrten zum Cap Ferrat und zurück (15,50 Euro) sowie ● Tagestouren zu den Îles de Lérins (35 Euro) oder nach Cannes, Monaco, Saint-Tropez bietet *Trans Côte d'Azur* (137 D5) *(Abfahrt u. Ticketverkauf am Quai Lunel | Tel. 04 92 00 42 30 | www.trans-cote-azur.com)* von April bis Oktober an.

CAMPING

In Nizza gibt es keine Campingplätze. Die Campingmöglichkeiten in der näheren Umgebung sind unter *www.*

nicetourisme.com/campings einzusehen. Dort gibt es eine große Auswahl entweder entlang der Küste oder im Hinterland. Eine ganze Reihe von Campingplätzen gibt es in Antibes *(www.antibesjuanlespins.com)*.

DIPLOMATISCHE VERTRETUNGEN

DEUTSCHES KONSULAT
34, Av. Henri Matisse | 06200 Nizza | Tel. 04 93 83 55 25 | Mo–Fr 9–12 Uhr

ÖSTERREICHISCHES KONSULAT
6, Av. de Verdun | 06000 Nizza | Tel. 04 93 87 01 31 | Mo–Fr 10–12 Uhr

SCHWEIZER KONSULAT
7, Rue d'Arcole | 13291 Marseille | Tel. 04 96 10 14 10 | Mo–Fr 9–11.30 Uhr

GESUNDHEIT

Bei Inanspruchnahme ärztlicher Leistungen händigt der Arzt Ihnen ein Behandlungsformular „Feuille de Soins" aus, auf dem die Personalien und erbrachten Leistungen vermerkt sind. Die Behandlung wird vor Ort bezahlt und nach Vorlage des Formulars von den heimischen Kassen zurückerstattet. Nachtapotheken in Nizza (24 Stunden geöffnet):
– *Pharmacie Masséna (7, Rue Masséna | Tel. 04 93 87 78 94)*
– *Pharmacie Riviéra (66, Av. Jean Médecin | Tel. 04 93 62 54 44)*

INTERNETCAFÉS & WLAN

Eine kleine Auswahl an WLAN-Spots. WLAN heißt auf Französisch WiFi.

– Dre@m Cybercafé (Mo–Fr 10–20 Uhr (Sa nur nachm.) | 6, Rue Commandant Vidal | Cannes): zentral gelegenes, gut ausgestattetes Internetcafé.
– L'Outil du Web (Mo–Sa | 4,50 Euro/ Std. | 11, Av. Robert Soleau | Antibes)
– Sun Sea Blue (tgl. 8.30–23 Uhr | 10 Min. 1 Euro, 1 Std. 4 Euro | 71, Quai des Etats-Unis | Nizza): bei Verzehr kostenloser Internetzugang. ᱾ Terrasse mit schönem Blick aufs Meer. Salat, Pizza, Crêpes und Eis.
– Virtu@l C@fe (Mo–Sa | 43, Rue Arson | Nizza): gut ausgestattetes Internetcafé (auch Kopier- und Faxgeräte). Snackbar inklusive.

KOCHKURSE

Wer der französischen Sprache mächtig ist, die mediterrane Küche liebt und dazu noch gerne kocht, der geht zu Aude Bertaux. Lachs, Pasteten, Schokolade, Tartes – in ihrer ● Cuisine sur Cours (75, Av. A. Borriglione | Tel. 04 93 96 17 29 | www. cuisinesurcours.com) bietet die gebürtige Nizzaerin ein- bis fünfstündige Kurse zu unterschiedlichen Themen an.

MIETWAGEN

Am Flughafen Nizza sind die großen Mietwagenanbieter Avis (www.avis. de), Europcar (www.europcar.de), Hertz (www.hertz.de) und Sixt (www.sixt.de) vertreten. Der Preis für einen Kleinwagen beträgt rund 280 Euro pro Woche. Besonders günstige Angebote bei Sixti (www.sixt.com).
Außerdem gibt es noch die umweltfreundliche Variante: Bei ☺ Auto Bleue (www.auto-bleue.org) gibt es nach dem Car-Sharing-Prinzip Elektroautos zu mieten: einmalige Einschreibung 26 Euro, Vor- bzw. Nachmittag 21 Euro, ganzer Tag 45 Euro.

NOTRUF

Allgemeiner Notruf (Tel. 112) | Rettungsdienst (SAMU) (Tel. 15) | Polizei (Tel. 17) | Feuerwehr (Tel. 18) | Zahnärztlicher Notdienst (Tel. 04 93 80 77 77 | Tel. 04 97 25 72 75) | Kindernotaufnahme (Hôpital Lenval | Tel. 04 92 03 03 03)

ÖFFENTLICHE VERKEHRSMITTEL

Das öffentliche Verkehrsnetz aus Bussen und Straßenbahn (tramway) heißt Lignes d'Azur. Eine Einzelfahrt (solo) kostet 1,50 Euro, die Tageskarte (pass 1 jour) 5 Euro, erhältlich im Bus bzw. am Automaten auf dem Bahnsteig. Mit der Linie 100 kommt man so **INSIDER TIPP** für 1,50 Euro nach Monaco.
Achtung: Fahrscheine nicht knicken, sie werden dann ungültig. Für einen längeren Aufenthalt in Nizza lohnt sich die Wochenkarte (pass 7 jours), die Sie für 15 Euro in einem der beiden Verkaufsbüros kaufen können (3, Place Masséna und 29, Av. Malausséna). Außerdem gibt es 10er-Karten (Multi 10 voyages) für 10 Euro, die auch für mehrere Fahrgäste verwendet werden können. Die 10er-Karte (multi) gibt es im Verkaufsbüro. www. lignesdazur.com
Mit dem Regionalzug (TER) kommen Sie von Nizza aus u. a. nach Antibes, Cannes und Monaco. Fahrtzeiten und Tarife (einfache Fahrt): Cannes (ca. 30 Min.) 6,60 Euro; Antibes (ca. 20 Min.) 4,40 Euro; Monaco (ca. 25 Min.) 3,70 Euro. www.ter-sncf.com

ÖFFNUNGSZEITEN

Viele Museen, Restaurants und Geschäfte haben montags geschlossen. Museen sind auch an vielen Feiertagen nicht geöffnet. Die französischen Essenszeiten liegen zwischen 12–14 und 19–22 Uhr; davor und danach ist die Küche meist geschlossen. Viele Restaurants legen ihre mehrwöchigen Betriebsferien in die Wintermonate. Banken haben meistens Mo–Fr 8.30–11.45 u. 13.30–16.30 Uhr geöffnet.

POST

Standardbriefe (bis 20 g) und Postkarten innerhalb Frankreichs kosten 0,63 Euro, in EU-Länder 0,80 Euro. Postämter sind Mo–Fr 9–12 u. 14–17, Sa 9–12 Uhr offen.

RAUCHEN

In öffentlichen Einrichtungen, Bars und Restaurants ist das Rauchen verboten.

REISEZEIT

Im Juli und August hat Frankreich Ferien: Das ist die heißeste – und die teuerste – Zeit! Juni und September sind für einen Urlaub ideal. Aber auch die anderen Monate sind sonnig und mild. Wunderschön ist die Zeit der Mimosenblüte ab Ende Januar.

SEGWAY-TOUREN

Die Segways sind in Nizza angekommen. Statt zu Fuß können Sie die Stadt also auch rollend erkunden, Hauptsache, Sie behalten das Gleichgewicht. *Mobilboard (Juni–Sept. 8–19, Okt.–Mai 9–18 Uhr | 2, Rue Halévy | 30 Min. 17 Euro, 2 Std. 50 Euro | Tel. 04 93 80 21 27 | www. mobilboard.com)* bietet Touren unterschiedlicher Länge an – von der 30-minütigen Einsteigertour bis hin zur 15 km langen Strecke nach Villefranche-sur-mer. Die Segways können Sie sich aber auch einfach so ausleihen, um auf eigene Faust loszufahren.

STADTRUNDFAHRTEN

Die umfangreichste Tour ist eine Fahrt durch Nizza mit dem *Panoramabus (Nov.–März tgl. 10–17 Uhr (stdl.); April–Okt. tgl. 9.30–18.30 Uhr (halbstdl.) | Tageskarte: 21 Euro; Zweitageskarte: 23 Euro | Karten im Bus, im Fremden-*

WAS KOSTET WIE VIEL?

Kaffee	2,50 Euro	
	für einen Espresso	
Souvenir	2,50 Euro	
	für 100 gr Herbes de Provence	
Taxi	22–30 Euro	
	für die Fahrt vom Flughafen ins Zentrum	
Pan-bagnat	4 Euro	
	für das mit Salade niçoise gefüllte Brötchen	
Aperitif	4 Euro	
	für einen Pastis	
Strandliege	19 Euro	
	pro Tag in der Saison	

verkehrsamt oder in Ihrem Hotel | www. nicelegrandtour.com). Die Rundfahrt dauert 75 Minuten. Es gibt 10 Haltestellen, an denen Sie beliebig zu- und aussteigen können. Die Tour führt die gesamte Promenade entlang, dann durchs Hafenviertel bis zum Mont Boron und bis in den nördlichen Stadtteil Cimiez *(Kopfhörer mit deutschem Kommentar).*
Der kleine *Touristenzug (Okt.–März tgl. 10–17 Uhr, April/Mai, Sept. tgl. 10–18 Uhr, Juni–Aug. tgl. 10–19 Uhr | Fahrt: 8 Euro | www.trainstouristiquesdenice.com)* startet alle 30 Minuten gegenüber vom Jardin Albert 1er auf der Promenade des Anglais. Die 40-minütige Fahrt führt hoch zum Colline du Château und um die Alt-

stadt herum *(Kopfhörer mit deutschem Kommentar)*.

Mit dem ● Fahrradtaxi *Cyclopolitain (Di-Sa 10–18 Uhr, Juli/Aug. tgl. 9–21 Uhr | 30 Min. 15 Euro/Pers., 60 Min. 22,50 Euro/Pers.; Einzelfahrten 3 Euro fürs Taxi + 1,50 Euro/km | Tel. 04 93 81 76 15 | nice.cyclopolitain.com)*, das auch optisch was hermacht, können Sie entweder eine Stadtrundfahrt machen oder sich einfach nur von einem Ort zum anderen bringen lassen. Standorte: Hauptbahnhof, Av. Jean Médecin/Nicetoile, Place Masséna, Place Magenta, Promenade des Anglais/Casino Ruhl.

Drei besondere Stadttouren per Rad, auf Anfrage auch in Englisch, bietet *Nice Cycle Tours (Mobil 06 19 99 95 22 | www.* nicecycletours.com)*. Die 3-stündige *Nice Cycle Tour (30 Euro)* führt zu allen Highlights und gibt einen tollen Überblick über die Stadt. Nizza über seine kulinarischen Traditionen kennenlernen können Sie bei der INSIDER TIPP *A Taste of Nice Food Tour (55 Euro)*: über zehn Stationen und viele Geschichten rund um Nizza und seine Speisen. Für Weinliebhaber ist die *Wine Tasting Tour (40 Euro)* das Richtige. *Treffpunkt: Promenade des Anglais, Opera Plage.*

STROM

Üblich sind 220 Volt. Flachstecker passen überall. Schukostecker brauchen einen Adapter.

WETTER IN NIZZA

	Jan.	Feb.	März	April	Mai	Juni	Juli	Aug.	Sept.	Okt.	Nov.	Dez.
Tagestemperaturen in °C	13	13	15	17	20	24	27	27	25	21	17	13
Nachttemperaturen in °C	4	5	7	9	13	16	18	18	16	12	8	5
Sonnenschein Stunden/Tag	5	6	6	8	9	10	12	11	9	7	5	5
Niederschlag Tage/Monat	7	6	6	7	6	3	2	3	6	8	8	7
Wassertemperaturen in °C	13	12	13	14	16	20	22	23	21	19	16	14

TAXI

Zentrales Taxiunternehmen ist *Allo Taxi Riviera (Tel. 04 93 13 78 78)*. Der (teurere) Nachttarif gilt von 19 bis 7 Uhr. Taxistandorte sind Place Masséna, Promenade des Anglais, Place Garibaldi, Rue Hôtel des Postes, Hauptbahnhof, Acropolis.

TELEFON & HANDY

In *Café-Tabacs* oder bei der Post gibt es Telefonkarten *(télécartes)* in unterschiedlicher Stückelung.
Die Vorwahl für Frankreich ist 0033. Innerhalb Frankreichs gibt es keine Vorwahlen, es muss immer die vollständige, zehnstellige Nummer gewählt werden. Bei Anrufen aus dem Ausland entfällt die Null am Anfang. Vorwahl für Monaco: 00377. Die Vorwahl für Deutschland lautet 0049, für Österreich 0043 und für die Schweiz 0041, dann die jeweilige Ortskennzahl ohne Null.
Handy heißt auf französisch *portable.* Beim Roaming spart, wer das günstigste Netz wählt und sich eine französische Prepaidkarte kauft. Die drei großen Anbieter sind Neuf Cegetel *(www.cegetel. fr)*, Orange *(www.orange.fr)* und Bouygues *(www.bouyguestelecom.fr)*.

TRINKGELD

Die Höhe des Trinkgelds *(pourboire)* liegt im eigenen Ermessen. Man zahlt passend und lässt das Trinkgeld danach auf dem Tisch liegen.

VELOBLEU – FAHRRADVERLEIH

An 175 Stationen bietet 🚲 *Vélobleu (www.velobleu.org)* 1750 Fahrräder zum Verleih an. An jeder Station steht ein Automat, an dem man sich anmeldet (1 Euro/Tag), das Fahrrad ausleiht (1 Euro/Std., jede weitere Std. 2 Euro) und dann direkt in die Pedale steigt. Stationen z. B.: Quai des Etats-Unis, Palais de Justice, Gare Routière.

WASSERSPORT

Wasserski, Wakeboard, Fly Fish, Parasailing, Tubes – für den Kick auf dem Wasser steht in den Sommermonaten am Strand an der Promenade des Anglais alles bereit. Anbieter sind *Nikaïa Water Sport (Plage Beau Rivage | gegenüber Jardin Albert 1er | www.nikaiaglisse.com)* und *BlueBeach Water Sports (29, Promenade des Anglais | gegenüber Hôtel Negresco | www.glisse-evasion.com)*
Taucher finden von Nizza bis Cap Ferrat über 30 Tauchspots in sechs verschiedenen Tauchgebieten. Die Boote verschiedener Tauchzentren starten vom Hafen in Nizza aus: z. B. *Centre International Plongée (Mobil 06 09 52 55 57 | www.cip-nice. com)*, *Le Poseidon (Tel. 04 92 00 43 86 | www.poseidon-nice.com)*

ZEITUNGEN

Regionale Tageszeitung ist die „Nice Matin". Deutschsprachige Zeitungen und Zeitschriften gibt es in gut sortierten Kiosks. Empfehlenswert ist die monatlich erscheinende deutsche „Riviera Zeitung" mit lokalen und nationalen Nachrichten sowie Veranstaltungstipps.

ZOLL

EU-Bürger können Waren des persönlichen Bedarfs innerhalb der EU frei ein- und ausführen, Grenzen gibt es bei Wein (90 l), Zigaretten (800 Stück) und Spirituosen (10 l). Für Schweizer sind 200 Zigaretten, Wein bis zu 2 l und Spirituosen bis zu 1 l frei. *www.zoll.de*

SPRACHFÜHRER FRANZÖSISCH

AUSSPRACHE

Zur Erleichterung der Aussprache sind alle französischen Wörter mit einer einfachen Aussprache in eckigen Klammern versehen.

AUF EINEN BLICK

ja/nein/vielleicht	oui [ui]/non [nong]/peut-être [pöhtätr]
bitte/danke	s'il vous plaît [ßil wu plä]/merci [märßih]
Gute(n)/Morgen!/Tag!/Abend!/Nacht!	Bonjour! [bongschuhr]/Bonjour! [bongschuhr]/Bonsoir! [bongßoar]/Bonne nuit! [bonn nüi]
Hallo!/Auf Wiedersehen!/Tschüss!	Salut! [ßalü]/Au revoir! [o rövoar]/Salut! [ßalü]
Entschuldigung!	Pardon! [pardong]
Ich heiße ...	Je m'appelle ... [schö mapäll ...]
Ich komme aus ...	Je suis de ... [schö süi dö ...]
Darf ich ...?	Puis-je ...? [püi schö ...]
Wie bitte?	Comment? [kommang]
Ich möchte .../Haben Sie?	Je voudrais ... [schö wudrä]/Avez-vous? [aweh wu]
Wie viel kostet ...?	Combien coûte ...? [kombjäng kuht ...?]
Das gefällt mir (nicht).	Ça (ne) me plaît (pas). [ßa (nö) mö plä (pa)]
gut/schlecht/kaputt	bon [bong]/mauvais [mowä]/cassé [kaßeh]
zu viel/viel/wenig	trop [troh]/beaucoup [bokuh]/peu [pöh]
alles/nichts	tout [tuh]/rien [riäng]
Hilfe!/Achtung!	Au secours! [o ßökuhr]/Attention! [attangßjong]
Polizei/Feuerwehr/Krankenwagen	police [poliß]/pompiers [pompieh]/ambulance [ambülangß]

DATUMS- & ZEITANGABEN

Montag/Dienstag	lundi [längdi]/mardi [mardi]
Mittwoch/Donnerstag	mercredi [märcrödi]/jeudi [schödi]
Freitag/Samstag/Sonntag	vendredi [vangdrödi]/samedi [ßamdi]/dimanche [dimangsch]
Werktag/Feiertag	jour ouvrable [schur uwrabl]/jour férié [schur ferieh]
heute/morgen/gestern	aujourd'hui [oschurdüi] /demain[dömäng]/hier [jähr]
Stunde/Minute	heure [öhr]/minute [minüt]
Tag/Nacht/Woche	jour [schur]/nuit [nüi]/semaine [ßömän]
Monat/Jahr	mois [moa]/année [aneh]

Wie viel Uhr ist es?	Quelle heure est-t-il? [käl ör ät il]
Es ist drei Uhr.	Il est trois heures. [il ä troasör]
Es ist halb vier.	Il est trois heures et demi. [il ä troasör e dömi]
Viertel vor vier	quatre heures moins le quart [katrör moäng lö kar]
Viertel nach vier	quatre heures et quart [katrör e kar]

UNTERWEGS

offen/geschlossen	ouvert [uwär]/fermé [färmeh]
Eingang/Einfahrt	entrée [angtreh]
Ausgang/Ausfahrt	sortie [ßorti]
Abfahrt/Abflug/Ankunft	départ [depahr]/départ [depahr]/arrivée [arriweh]
Toiletten/Damen/Herren	toilettes [toalett]/femmes [famm]/hommes [omm]
(kein) Trinkwasser	eau (non) potable [o (nong) potabl]
Wo ist ...?/Wo sind ...?	Où est ...? [u ä ...]/Où sont ...? [u ßong ...]
links/rechts	à gauche [a gohsch]/à droite [a droat]
geradeaus/zurück	tout droit [tu droa]/en arrière [ong arriähr]
nah/weit	près [prä]/loin [loäng]
Bus/Straßenbahn/	bus [büß]/tramway [tramwäi]/métro [mehtro]/taxi
U-Bahn/Taxi	[takßi]
Haltestelle/Taxistand	arrêt [arrä]/station de taxi [ßtaßjong dö takßi]
Parkplatz/Parkhaus	parking [parking]
Stadtplan/[Land-]Karte	plan de ville [plang dö vil]/carte routière [kart rutjähr]
Bahnhof/Hafen/Flughafen	gare [gahr]/port [pohr]/aéroport [aeropohr]
Fahrplan/Fahrschein	horaire [orär]/billet [bije]
einfach/hin und zurück	aller simple [aleh ßämpl]/aller-retour [aleh rötuhr]
Zug/Gleis/Bahnsteig	train [träng]/voie [woa]/quai [käh]
Ich möchte ... mieten.	Je voudrais ... louer. [schö wudräh... lueh]
ein Auto/ein Fahrrad/	une voiture [ün woatür]/un vélo [äng weloh]/
ein Boot	un bateau [äng batoh]
Tankstelle	station d'essence [ßtaßjong deßangß]
Benzin/Diesel	essence [eßangß]/diesel [diesäl]
Panne/Werkstatt	panne [pann]/garage [garahsch]

ESSEN & TRINKEN

Die Speisekarte, bitte.	La carte, s'il vous plaît. [la kart ßil wu plä]
Könnte ich bitte ...	Puis-je avoir ... s'il vous plaît? [püischö awoar ...
haben?	ßil wu plä]
Flasche/Karaffe/Glas	bouteille [buteij]/carafe [karaf]/verre [wär]
Messer/Gabel/Löffel	couteau [kutoh]/fourchette [furschät]/cuillère [küijär]
Salz/Pfeffer/Zucker	sel [ßäl]/poivre [poawr]/sucre [ßükr]

Essig/Öl	vinaigre [winägr]/huile [üil]
Milch/Sahne/Zitrone	lait [lä]/crème [kräm]/citron [ßitrong]
kalt/versalzen/nicht gar	froid [froa]/trop salé [tro ßaleh]/pas cuit [pa küi]
mit/ohne Eis/Kohlensäure	avec [awäk]/sans [ßang] glaçons/gaz [glaßong/gaß]
Vegetarier(in)	végétarien(ne) [weschetarijäng/weschetarijänn]
Ich möchte zahlen, bitte.	Je voudrais payer, s'il vous plaît. [schön wudrä pejeh, ßil wu plä]
Rechnung/Quittung	addition [adißjong]/reçu [rößü]

EINKAUFEN

Apotheke/Drogerie	pharmacie [farmaßi]/droguerie [drogöri]
Bäckerei/Markt	boulangerie [bulangschöri]/marché [marscheh]
Einkaufszentrum	centre commercial [ßangtre komerßial]
Kaufhaus	grand magasin [grang magasäng]
100 Gramm/1 Kilo	cent grammes [ßang gramm]/un kilo [äng kilo]
teuer/billig/Preis	cher [schär]/bon marché [bong marscheh]/prix [pri]
mehr/weniger	plus [plüß]/moins [moäng]
aus biologischem Anbau	de l'agriculture biologique [dö lagrikültür bioloschik]

ÜBERNACHTEN

Ich habe ein Zimmer reserviert.	J'ai réservé une chambre. [scheh reserweh ün schangbr]
Haben Sie noch ...?	Avez-vous encore ...? [aweh wusangkor ...]
Einzel-/Doppelzimmer/ Frühstück	chambre simple/double [schangbr ßämplö/dublö] petit déjeuner [pöti deschöner]
Halbpension/Vollpension	demi-pension [dömi pangßjong]/pension complète [pangßjong komplät]
Dusche/Bad	douche [dusch]/bain [bäng]
Balkon/Terrasse	balcon [balkong] /terrasse [teraß]
Schlüssel/Zimmerkarte	clé [kleh]/carte magnétique [kart manjetik]
Gepäck/Koffer/Tasche	bagages [bagahsch]/valise [walis]/sac [ßak]

BANKEN & GELD

Bank/Geldautomat/ Geheimzahl	banque [bangk]/guichet automatique [gischeh otomatik]/code [kodd]
bar/Kreditkarte	comptant [komtang]/carte de crédit [kart dö kredi]
Banknote/Münze	billet [bijeh]/monnaie [monä]

GESUNDHEIT

| Arzt/Zahnarzt/Kinderarzt | médecin [medßäng]/dentiste [dangtißt]/pédiatre [pediatrö] |
| Krankenhaus/Notfallpraxis | hôpital [opital]/urgences [ürschangß] |

Fieber/Schmerzen	fièvre [fiäwrö]/douleurs [dulör]
Durchfall/Übelkeit	diarrhée [diareh]/nausée [noseh]
Sonnenbrand	coup de soleil [ku dö ßolej]
entzündet/verletzt	enflammé [angflameh]/blessé [bleßeh]
Pflaster/Verband	pansement [pangßmang]/bandage [bangdahsch]
Salbe/Schmerzmittel	pommade [pomad]/analgésique [analschesik]

TELEKOMMUNIKATION & MEDIEN

Briefmarke	timbre [tämbrö]
Brief/Postkarte	lettre [lätrö]/carte postale [kart poßtal]
Ich brauche eine Telefon-karte fürs Festnetz.	J'ai besoin d'une carte téléphonique pour fixe. [scheh bösoäng dün kart telefonik pur fiekß]
Ich suche eine Prepaid-karte für mein Handy.	Je cherche une recharge pour mon portable. [schö schärsch ün röscharsch pur mong portablö]
Wo finde ich einen Inter-netzugang?	Où puis-je trouver un accès à internet? [u püische truweh äng akßä a internet]
wählen/Verbindung/besetzt	composer [komposeh]/connection [konekßiong]/occupé [oküpeh]
Steckdose/Ladegerät	prise électrique [pris elektrik]/chargeur [scharschör]
Computer/Batterie/Akku	ordinateur [ordinatör]/batterie [battri]/accumulateur [akümülatör]
At-Zeichen	arobase [arobaß]
Internet-/E-Mail-Adresse	adresse internet/mail [adräß internet/mejl]
Internetanschluss/WLAN	accès internet [akßä internet]/wi-fi [wifi]
E-Mail/Datei/ausdrucken	mail [mejl]/fichier [fischjeh]/imprimer [ämprimeh]

FREIZEIT, SPORT & STRAND

Strand	plage [plahsch]
Sonnenschirm/Liegestuhl	parasol [paraßol]/transat [trangßat]
Ebbe/Flut/Strömung	marée basse [mareh baß]/marée haute [mareh ot]/courant [kurang]
Seilbahn/Sessellift	téléphérique [teleferik]/télésiège [teleßiäsch]
Schutzhütte/Lawine	refuge [röfüsch]/avalanche [avalangsch]

ZAHLEN

0	zéro [sero]	8	huit [üit]	
1	un, une [äng, ühn]	9	neuf [nöf]	
2	deux [döh]	10	dix [diß]	
3	trois [troa]	20	vingt [väng]	
4	quatre [katr]	100	cent [ßang]	
5	cinq [ßänk]	1000	mille [mil]	
6	six [ßiß]	½	un[e] demi[e] [äng/ühn dömi]	
7	sept [ßät]	¼	un quart [äng kar]	

EIGENE NOTIZEN

MARCO POLO

Unser Urlaub

Web • Apps • eBooks

Die smarte Art zu reisen

Jetzt informieren unter:

www.marcopolo.de/digital

Individuelle Reiseplanung,
interaktive Karten, Insider-Tipps.
Immer, überall, aktuell.

CITYATLAS

Die grüne Linie ▬▬ zeichnet den Verlauf der Stadtspaziergänge nach

Der Gesamtverlauf dieser Spaziergänge ist auch in der herausnehmbaren Faltkarte eingetragen

Bild: Hafen von Cannes

Unterwegs in Nizza

Die Seiteneinteilung für den Cityatlas finden Sie auf dem hinteren Umschlag dieses Reiseführers

135

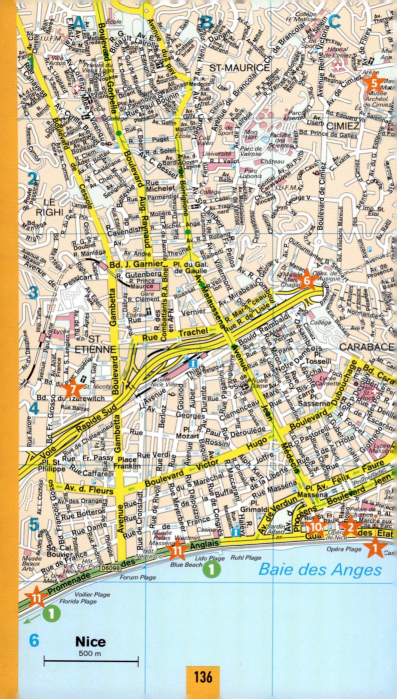

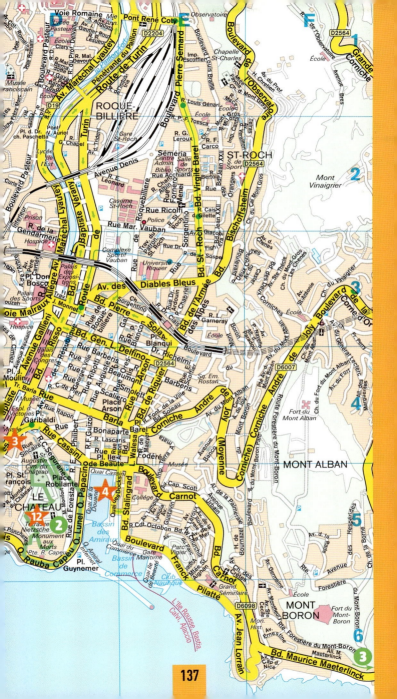

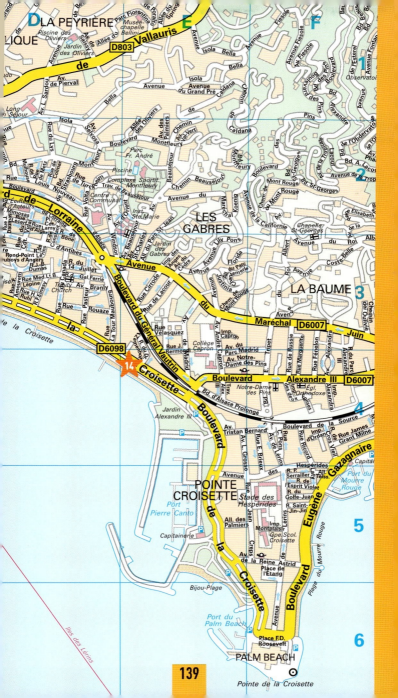

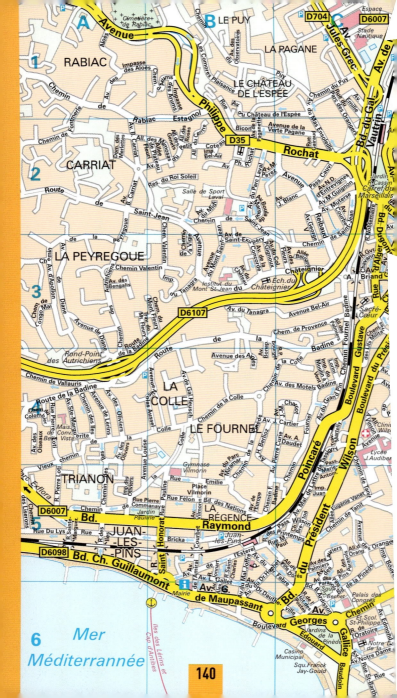

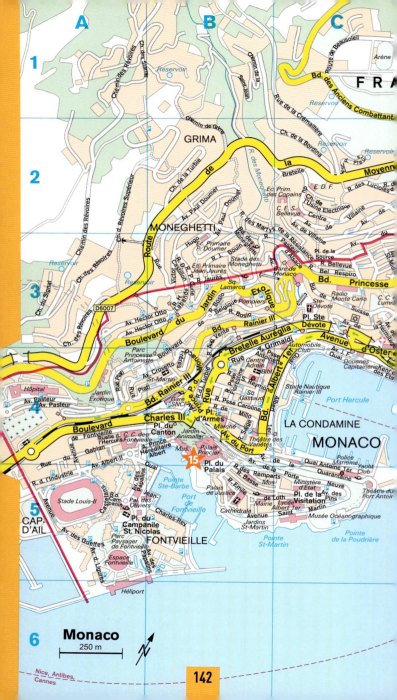

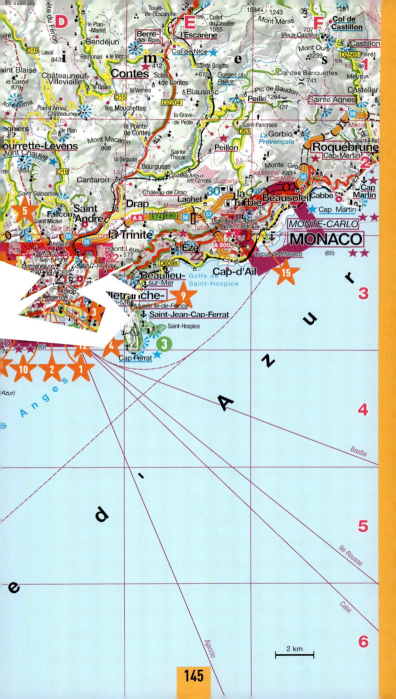

Das Register enthält eine Auswahl der im Cityatlas dargestellten Straßen und Plätze

NIZZA

Alexandre Mari, rue **136/C5137/D5**
Alfred Binet, rue **136/B3**
André de Joly, corniche **137/E4-E5**
Arènes d'Cimiez, av. des **136/C1-C3**
Argon, rue **137/E4**
Armée des Alpes, bd. d' **137/E3**
Auber, av. **136/B4**
Auguste Raynaud, bd. **136/A2-B3**
Baptiste Vérany, bd. **137/D2-D3**
Barberis, rue **137/D3-E4**
Barel, pl. **137/E4**
Barla, rue **137/D4-E4**
Barla, trav. **137/D4**
Beaumont, rue **137/D4-E4**
Beaute, pl. Ile de **136/A6-B5**
Bellanda, av. **136/C1–137/D1**
Biscarra, rue **136/B4-C4**
Bischoffsheim, bd. **137/E3-F2**
Blanqui, pl. **137/E3**
Bonaparte, rue **137/D4-E4**
Borriglione, av. **136/B1-B3**
Brancolar, av. de **136/B1-B2**
Brancolar, ch. de **136/B1-C1**
Carabacel, bd. **136/C4–137/D4**
Caravadosi, av. **136/B2-B3**
Carnot, bd. **137/E5-F6**
Cassini, rue **137/D4**
Cathérine Ségurane, rue **137/D4-D5**
Cessole, bd. de **136/A1-A3**
Cimiez, av. de **136/C1**
Cimiez, bd. de **136/C2**
Cité du Parc **136/C5**
Combattants en AFN, rue des **136/B3**
Corne d'Or, bd. de la **137/F3**
Cyrille Besset, av. **136/A1-B2**
Denis Séméria, av. **137/D2-E2**
Deux Corniches, bd. des **137/E3-F3**
Diables Bleus, av. Des **137/D3-E3**
Docks, quai des **137/D5-E5**
Droite, rue **137/D5**
Dubouchage, bd. **136/C4**
Emmanuel Philibert, rue **137/D4-D5**
Etats Unis, quai des **136/C5–137/D5**
Félix Faure, av. **136/C4-C5**
Fleurs, av. de **136/A5**
Fodéré, rue **137/D4-E4**
Foresta, rue de **137/D5**
France, rue de **136/A5-B5**
Franck Pilatte, bd. **137/E5-E6**
François Guizol, rue **137/D4**
François Pellos, rue **136/B3**
Gaillini, ave. **137/D3-D4**
Gambetta, av. **136/A4-A5**
Gambetta, bd. **136/A3-A4**
Garibaldi, pl. **137/D4**
Général de Gaulle, pl. du **136/B3**
Général Estienne, av. du **136/C2**
Général Louis Delfino, bd. du **137/D3-E4**
Georges Clemenceau, av. **136/B4**
Gioffredo, rue **136/C4-C5**
Gorbella, bd. **136/A1**
Gounod, rue **136/B4-B5**
Grimaldi, pl. **136/B5**
Gubernatis, rue **136/C4**
Henri Dunant, av. **136/B4**
Jean Jaurès, bd. **136/C5–137/D4**
Jean Lorrain, rue **137/E6**
Jean Monnet, trav. **137/D4**
Joseph Garnier, rue **136/A3-B3**
Lunel, quai **137/D5**
Malaussena, av. **136/B3**
Malraux Allégre, voie **137/D3**

Marceau, rue **136/B3**
Marché aux Fleurs **136/C5–137/D5**
Maréchal Joffre, rue du **136/A5-C4**
Maréchal Lyautey, av. **137/D1-D3**
Maréchal Vauban, rue **137/D2-E2**
Masséna, pl. **136/C5**
Masséna, rue **136/B5-C5**
Maurice Materlinck, bd. **137/F6**
Montée du Château, rue **137/D5**
Montée Monfort **137/D5**
Normandie, rue de **136/C3**
Notre Dame, av. **136/B4-C4**
Observatoire, bd. de l' **137/E1-F2**
Palmeraie, av. de la **137/E5**
Papacino, quai **137/D4-D5**
Pasteur, bd. **137/D1-D2**
Pastorelli, rue **136/C4**
Paul Bounin, rue **136/A1-B1**
Paul Dufourmantel **136/B2**
Pénétrante du Paillon **137/D1-E1**
Pessicart, av. de **136/A3**
Phocéens, rue des **136/C5**
Pierre Semard, bd. **137/E1-E2**
Pierre Sola, bd. **137/D3-E3**
Ponchettes, rue des **136/C5137/D5**
Préfecture, rue de la **136/C5**
Raimbaldi, bd. **136/B3-C3**
Raoul Bosio, rue **136/C5**
Rauba Capeu, quai **137/D5**
Ray, av. du **136/B1**
Raymond Comboul, av. **136/B3**
Reine Victoria, av. **136/C1**
Richelmi, Dr. **137/E4**
Ricolfi, rue **137/E2**
Riquier, bd de **137/E4**
Risso, bd. **137/D3-D4**
Robilante, pl. **136/D5**
Roquebillerie, rue de **137/E3-F3**
Rosetti, rue **136/C5–137/D5**
Rouget de Lisle, rue **136/B3**
Sasserno, rue **136/C4**
Scaliero, rue **137/D4-E4**
Sincaire, rue **137/D4**
Smollett, rue **137/D4-E4**
Sorgentino, rue **137/E2-E3**
St. François de Paule, rue **136/C5**
St. François, pl. **137/D5**
St. Jean Baptiste, av. **136/C4137/D4**
St. Lambert, av. **136/B1-B2**
St. Roch, bd. **137/E2-E3**
Stalingrad, bd. **137/E5**
Thiers, av. **136/B4**
Tosselli, pl. **137/C4**
Trachel, rue **136/A3-B3**
Turin, route de **137/D3-E1**
Tzarewitch, bd. du **136/A4**
Valrose, av. de **136/B1-B2**
Vernier, rue **136/A3-B3**
Victo Hugo, bd. **136/A5-B4**
Villebois-Mareuil, rue **136/C2-C3**
Villermont, av. **136/B3**
Virgile Barel, bd. **137/E2**
Walesa, bd. **137/E3**

ANTIBES

11 Novembre, av. du **141/D1-D2**
24 Août, av. du **141/D2**
Aguillon, bd. d' **141/D2-E2**
Albert 1er, bd. **141/D3-D4**
Alger, rue d' **140/C3**
Amiral Courbet, rue de l' **140/B5-B6**
Amiral de Grasse, prom. de l' **141/E2-E3**
Arazy, rue **141/D3**

Arceaux, rue des **141/E3**
Aristide Briand, av. **140/C3**
Aubernon, rue **141/E2-E3**
Bacon, bd. de **141/F5-F6**
Badine, route de la **140/A4-C3**
Baptistin Adrisson, bd. **140/C6**
Bas Castelet, rue du **141/D3-E3**
Bateau, rue de l' **141/E3**
Bricka, rue **140/A5-B5**
Cap, bd. du **141/D5-D6**
Charles Guillaumont, bd. **140/A5-B6**
Châteignier, av. du **140/B2-C3**
Chênes, av. des **141/D5**
Colle, ch. de la **140/A5-C4**
Crouton, ch. du **141/D6**
Dr. Dautheville, av. du **140/B6-C6**
Dr. Fabre, av. du **140/B5-C6**
Dr. François Delmas, rue du **141/D3**
Dr. Hochet, av. du **140/B6-C5**
Dr. Rostan, rue du **141/D2-D3**
Dugommier, bd. **140/C2-C3**
Edouard Baudoin, bd. **140/B6-C6**
Emilie, rue **140/B5**
Ermitage, ch. de l' **141/D5-E6**
Ernest Macé, rue **141/D2-D3**
Esterel, rue de l' **140/B5**
Fersen, rue de **140/B5**
Fournel Badine, ch. **140/B5-C3**
Frères Adrien et Henry Roustan, av. des **140/C4-D4**
Gambetta, av. **140/C3–141/D2**
Gardiole Bacon, bd. **141/F5-F6**
Gaston Bourgois, av. **140/C4141/D4**
Gazan, av. **141/D3-D4**
Général d'Andreossy, rue du **141/D2**
Général de Gaulle, pl. **141/D3**
Général Maizière, av. du **141/D4-E3**
Général Vandenberg, rue du **141/D3**
Général Vautin, bd. du **140/C1-C2**
Georges Clemenceau, rue **141/D3-E3**
Georges Gallice, av. **140/C6**
Grand Cavalier, av. du **140/C2–141/D3**
Guillaumont, rue **141/E3**
Gustave Chancel, bd. **140/C4–141/D3**
Guy de Montpassant, av. **140/B6**
Haut Castelet, rue du **141/D3**
Henri Doniol, av. **141/D4**
James Wyllie, bd. **141/D4-E5**
Jules Grec, av. **140/C1**
Lacan, rue **141/D2-D3**
Lauriers, av. des **140/C5**
Lémeray, av. **141/D3-E3**
Libération, av. de la **140/C2-141/D2**
Louis Gallet, av. **140/B5-B6**
Malespine, pl. **141/E2**
Maréchal de Lattre de Tassigny, av. **140/C4-C5**
Maréchal Foch, bd. **140/C3-141/D4**
Maréchal Joffre, av. du **140/B5-B6**
Maréchal Leclerc, bd. **141/D4**
Maréchal Reille, av. **141/D3**
Masséna, cours **141/E3**
Migrainier, av. du **141/D3-E2**
Mirabeau, av. **141/D2**
Mûriers, av. des **141/D3**
Nations, bd. des **140/B5**
Nice, av. de **140/C1–141/D1**
Orangers, av. des **140/C5**
Oratoire, rue del' **140/C6**
Pasteur, av. **141/D2-D3**
Paul Bourgarel, rue **141/D3**

STRASSENREGISTER

Paul Doumer, av. **141/D3**
Pêcheurs, quai des **141/E2**
Philippe Rochat, av. **140/A1-C2**
Pinède, bd. de la **140/C5-C6**
Pinède, ch. de la **140/B4-B5**
Pins du Cap, av. des **141/F6**
Pins Parasols, av. des **140/C5-C6**
Président Wilson, bd. du
    140/C6–141/D3
Printemps, rue des **140/B5-C5**
Provence, av. de **140/C4–141/D4**
Puy, ch. du **140/B1-C1**
Rabiac Estagnol, ch. de **140/A1-B2**
Raymond Poincaré, bd. **140/A5-C4**
Reibaud, av. **140/C2-C3**
République, rue de la **141/D3**
Robert Soleau, av. **140/C2–141/D3**
Rostagne, av. de la **141/D4-D5**
Sables, ch. des **140/C6–141/D4**
Sade, rue **141/D3-E3**
Sadi Carnot, rue **141/D2**
Saleurs, rampe des **141/E2**
Salis, av. de la **141/E5-E6**
St. Antoine, rue **141/D3**
St. Donatien, av. **141/D4**
St. Honorat, rue **140/B5**
St. Jean, ch. de **140/B2-C2**
St. Jean, route de **140/A2-B2**
St. Roch, rue **141/D2**
Tanit, ch. de **140/C4-C5**
Thiers, av. **140/C2-D2**
Thuret, rue **141/D2-E2**
Vauban, av. **141/D2-D3**
Verdun, av. de **141/D2-E2**
Vieux chemin de la Colle **140/A5-B4**

CANNES

Albert Edouard, Jetée **138/B3**
Alexandre III, bd. **139/E4-F4**
Alsace, bd. d' **138/B2–139/D3**
Anciens Combattants d'AFN
    138/A3-B2
André Capron, av. **139/E3-E4**
Antibes, rue d' **138/B3–139/D3**
Bachaga Boualam, av **138/B2**
Belges, rue des **138/C3**
Bernard Cornut Gentille, pl.
    138/A3-B3
Bivouac Napoléon, rue du
    138/B3-C3
Borniol, rue **138/A2-B2**
Branly, av. **139/D3**
Buttura, rue **138/B2-B3**
Canada, rue du **139/D3**
Carnot, bd. **138/B1-B2**
Christian Bernard, av. **138/C2**
Commandant André, rue du **138/C3**
Commandant Lamy, pl. **139/D2**
Commandant Vidal, rue du
    139/D2-D3
Croisette, bd. de **138/B3–139/F6**
Dr. Calmette, rue du **138/C1-C2**
Duboys d'Angers, Rond-Point
    139/D3
Estrerel, av. de l' **139/F1**
Etang, pl. de l' **139/F5**
Etats-Unis, rue des **138/C3**
Eugène Gazagnaire, bd. **139/F4-F6**
Eugène Tripet, bd. **139/F3-F4**
Felix Faure, bd. **138/B3**
Ferrage, bd. du **138/B2-C2**
Fiesole, av. **139/E1-F1**
Forville, bd. **138/B2**
Francccois Einesy, rue **139/D3**
Franklin D. Roosevelt, pr. **139/F6**
Frédéric Amouretti, rue **139/D3**

Frères Pradignac, rue des **138/C3**
Gare, pl. de la **138/B2**
Général de Gaulle, pl. **138/B3**
Général Vautrin, bd. du **139/D3-E4**
Georges Clemenceau, rue **138/A3**
Gérard Monod, rue **138/C3**
Gérard Philipe, pl. **138/B2**
Grasse, av. de **138/A1-B2**
Hespérides, av. des **139/E5-F4**
Hoche, rue **138/C2**
Isola Bella, av. **138/C2–139/E1**
Jean Creps, rue **139/F5**
Jean de Lattre de Tassigny, av.
    138/A1-B2
Jean de Riouffe, rue **138/B2-B3**
Jean Dollfus, rue **138/A3**
Jean Guynemer, bd. **138/A2**
Jean Hibert, bd. **138/A3-A4**
Jean Jaurès, rue **138/C2**
Jean Macé, rue **138/C3**
Jean-Baptiste Dumas, rue **139/D3**
La Tour Maubourg, rue **139/D3**
Léon Noël, rue **138/B1-C1**
Lérins, av. de **139/F4-F5**
Liberté, all. de la **138/B3**
Lorraine, bd. de **138/C2–139/D3**
Louis Blanc, rue **138/A2-B3**
Louis Grosso, av. **139/E4-F5**
Louis Perrissol, rue **138/A3**
Marceau, rue **138/C2**
Marché, rue d. **138/A3-B3**
Maréchal Foch, rue **138/C2-C3**
Maréchal Joffre, rue du **138/B2-B3**
Maréchal Juin, av. du **139/E3-F3**
Maréchal Koenig, av. du **139/E2**
Med. Lt. Bertrand Lépine, rue du
    139/D3
Meynadier, rue **138/B2-B3**
Mimont, rue de **138/C2**
Mimosas, rue des **139/D2**
Molière, rue **138/C3-D3**
Montfleury, bd. **139/D2-F2**
Notre-Dame, rue **138/B3-C3**
Pantiero, prom. de la **138/B3**
Petit Juas, av. **138/B1-B2**
Pins, bd. des **139/F1-F2**
Reine Astrid, av. de la **139/E5-F5**
République, bd. de la
    138/C1–139/D2
Riou, bd. du **138/A2**
Robert Favre le Bret, prom.
    138/B3
Rouaze, rue **139/D3**
Serbes, rue des **138/C2-C3**
Source, bd. de la **139/F4**
St. Honore, rue **138/C3**
St. Jean, av. **138/A1-B2**
St. Louis, rue **138/A1-B2**
St. Nicolas, ch. de **138/C2**
St. Pierre, quai **138/B3**
Stanislas, pl. **138/A2**
Suquet, pl. du **138/A3**
Tristan Bernard, av. **139/E4-F4**
Vagliano, rue **138/C3**
Vallauris, av. de **138/C2-E1**
Vallombrosa, bd. **138/A3**
Vauban, bd. **138/B2**
Venizelos, rue **138/B2**

MONACO

Abbaye, rue de l' **143/E6**
Albert 1er, bd. **142/B4-C3**
Albert 1er, quai **142/B4-C4**
Albert II, av. **142/A4-A5**
Antoine 1er, quai **143/F5**
Armes, pl.d' **142/B4**

Basse, rue **143/E5-E6**
Belgique, bd. de **142/A4-B3**
Bellandro de Castro, rue **143/E5-E6**
Bosio, rue **142/B3**
Boulingrins, allee des **143/D3**
Bretelle Auréglia, rue **142/B4-C3**
Campanile St. Nicolas, pl. du
    142/A5-B5
Canton, pl. du **142/B4**
Carmes, pl. des **143/E5-E6**
Casino, pl. du **143/D3**
Castelans, av **142/A5**
Charles III, bd. **142/A4-B4**
Citronniers, av. des **143/E5-E6**
Comte F. Gastaldi, av. **143/E5-E6**
Costa, av. de la **142/C3-143/D3**
Crovetto, av. **142/C3**
Eglise, rue de l' **143/E6**
Emile de Loth, rue **143/E5-F6**
Etats Unis, quai des **142/C4-D4**
France, bd. de **143/D3-E2**
Gabian, reu du **142/A4-A5**
Grande-Bretagne, av. **143/D3-E2**
Grimaldi, rue **142/B4-C3**
Guelfes, av. des **142/A5**
Hector Otto, av. **142/A3-B3**
Hermitage, av. l' **142/C3**
Industrie, rue de l' **142/A5**
Italie, bd.d' **143/E2-F2**
Jardin Exotique, bd. du **142/A4-B3**
Jean-Charles Rey, quai **142/A4-B5**
John F. Kennedy, quai **142/C3-C4**
Lacets, bd. **143/E2-F2**
Larvotto, bd. du **143/D3-F2**
Ligures, av. des **142/A5-A6**
Madone, av. de la **143/D3**
Mairie, pl. de la **143/E6**
Marie de Lorraine, rue **143/E6-F6**
Millo, rue de **142/B4**
Moulins, bd. des **143/D3-E2**
Moulins, pl. des **143/D3**
Notre-Dame de Lorète, rue
    143/E5-E6
Ostende, av. d' **142/C3-D4**
Palais, pl. du **143/D5-E5**
Papalins, av. des **142/A5-B5**
Philibert Florence, rue **143/E5-F6**
Plati, rue **142/A4**
Port, av. du **143/E5**
Porte Neuve, av. de la **143/D5-F6**
Prince Héréditaire Albert. av.
    142/A4-B4
Prince Pierre de Monaco, av.
    142/B4
Princesse Alice, av. **143/D3**
Princesse Caroline, rue **142/B4**
Princesse Charlotte, bd.
    142/C3–143/D3
Princesse Grace, av. **143/E3-F2**
Quarantaine, av. de la **143/E5-F5**
Rainer III, bd. **142/A4-C3**
Remparts, rue des **143/E5**
Saige, rue **142/B4**
St. Barbe, prom. **143/D5**
St. Barbe, rle. **143/D6-E6**
St. Dévote, pl. **142/C3**
St. Dévote, rue **143/E6**
St. Martin, av. **143/E6-F6**
St. Michel, av. **143/D3**
St. Nicolas, pl. **143/E6**
Suffren Reymond, rue **142/B4**
Suisse, bd. de **142/C3**
Téano, ch. du **143/F2**
Visitation, pl. de la **143/F5**

147

KARTENLEGENDE

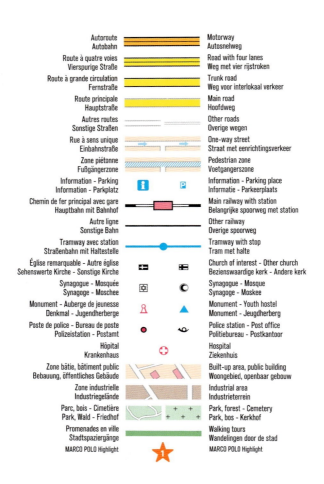

Autoroute / Autobahn		Motorway / Autosnelweg
Route à quatre voies / Vierspurige Straße		Road with four lanes / Weg met vier rijstroken
Route à grande circulation / Fernstraße		Trunk road / Weg voor interlokaal verkeer
Route principale / Hauptstraße		Main road / Hoofdweg
Autres routes / Sonstige Straßen		Other roads / Overige wegen
Rue à sens unique / Einbahnstraße		One-way street / Straat met eenrichtingsverkeer
Zone piétonne / Fußgängerzone		Pedestrian zone / Voetgangerszone
Information - Parking / Information - Parkplatz		Information - Parking place / Informatie - Parkeerplaats
Chemin de fer principal avec gare / Hauptbahn mit Bahnhof		Main railway with station / Belangrijke spoorweg met station
Autre ligne / Sonstige Bahn		Other railway / Overige spoorweg
Tramway avec station / Straßenbahn mit Haltestelle		Tramway with stop / Tram met halte
Église remarquable - Autre église / Sehenswerte Kirche - Sonstige Kirche		Church of interest - Other church / Bezienswaardige kerk - Andere kerk
Synagogue - Mosquée / Synagoge - Moschee		Synagogue - Mosque / Synagoge - Moskee
Monument - Auberge de jeunesse / Denkmal - Jugendherberge		Monument - Youth hostel / Monument - Jeugdherberg
Poste de police - Bureau de poste / Polizeistation - Postamt		Police station - Post office / Politiebureau - Postkantoor
Hôpital / Krankenhaus		Hospital / Ziekenhuis
Zone bâtie, bâtiment public / Bebauung, öffentliches Gebäude		Built-up area, public building / Woongebied, openbaar gebouw
Zone industrielle / Industriegelände		Industrial area / Industrieterrein
Parc, bois - Cimetière / Park, Wald - Friedhof		Park, forest - Cemetery / Park, bos - Kerkhof
Promenades en ville / Stadtspaziergänge		Walking tours / Wandelingen door de stad
MARCO POLO Highlight		MARCO POLO Highlight

148

ALLE **MARCO POLO** REISEFÜHRER

DEUTSCHLAND

Allgäu
Bayerischer Wald
Berlin
Bodensee
Chiemgau/
  Berchtesgadener
  Land
Dresden/
  Sächsische
  Schweiz
Düsseldorf
Eifel
Erzgebirge/
  Vogtland
Föhr/Amrum
Franken
Frankfurt
Hamburg
Harz
Heidelberg
Köln
Lausitz/
  Spreewald/
  Zittauer Gebirge
Leipzig
Lüneburger Heide/
  Wendland
Mecklenburgische
  Seenplatte
Mosel
München
Nordseeküste
  Schleswig-
  Holstein
Oberbayern
Ostfriesische Inseln
Ostfriesland/
  Nordseeküste
  Niedersachsen/
  Helgoland
Ostseeküste
  Mecklenburg-
  Vorpommern
Ostseeküste
  Schleswig-
  Holstein
Pfalz
Potsdam
Rheingau/
  Wiesbaden
Rügen/Hiddensee/
  Stralsund
Ruhrgebiet
Sauerland
Schwarzwald
Stuttgart
Sylt
Thüringen
Usedom
Weimar

ÖSTERREICH SCHWEIZ

Berner Oberland/
  Bern
Kärnten
Österreich
Salzburger Land
Schweiz

Steiermark
Tessin
Tirol
Wien
Zürich

FRANKREICH

Bretagne
Burgund
Côte d'Azur/
  Monaco
Elsass
Frankreich
Französische
  Atlantikküste
Korsika
Languedoc-
  Roussillon
Loire-Tal
Nizza/Antibes/
  Cannes/Monaco
Normandie
Paris
Provence

ITALIEN MALTA

Apulien
Dolomiten
Elba/Toskanischer
  Archipel
Emilia-Romagna
Florenz
Gardasee
Golf von Neapel
Ischia
Italien
Italienische Adria
Italien Nord
Italien Süd
Kalabrien
Ligurien/Cinque
  Terre
Mailand/
  Lombardei
Malta/Gozo
Oberital. Seen
Piemont/Turin
Rom
Sardinien
Sizilien/Liparische
  Inseln
Südtirol
Toskana
Umbrien
Venedig
Venetien/Friaul

SPANIEN PORTUGAL

Algarve
Andalusien
Barcelona
Baskenland/
  Bilbao
Costa Blanca
Costa Brava
Costa del Sol/
  Granada

Fuerteventura
Gran Canaria
Ibiza/Formentera
Jakobsweg/
  Spanien
La Gomera/
  El Hierro
Lanzarote
La Palma
Lissabon
Madeira
Madrid
Mallorca
Menorca
Portugal
Spanien
Teneriffa

NORDEUROPA

Bornholm
Dänemark
Finnland
Island
Kopenhagen
Norwegen
Oslo
Schweden
Stockholm
Südschweden

WESTEUROPA BENELUX

Amsterdam
Brüssel
Cornwall und
  Südengland
Dublin
Edinburgh
England
Flandern
Irland
Kanalinseln
London
Luxemburg
Niederlande
Niederländische
  Küste
Schottland

OSTEUROPA

Baltikum
Budapest
Danzig
Krakau
Masurische Seen
Moskau
Plattensee
Polen
Polnische
  Ostseeküste/
  Danzig
Prag
Slowakei
St. Petersburg
Tallinn
Tschechien
Ukraine
Ungarn
Warschau

SÜDOSTEUROPA

Bulgarien
Bulgarische
  Schwarzmeer-
  küste
Kroatische Küste/
  Dalmatien
Kroatische Küste/
  Istrien/Kvarner
Montenegro
Rumänien
Slowenien

GRIECHENLAND TÜRKEI ZYPERN

Athen
Chalkidiki/
  Thessaloniki
Griechenland
  Festland
Griechische Inseln/
  Ägäis
Istanbul
Korfu
Kos
Kreta
Peloponnes
Rhodos
Samos
Santorin
Türkei
Türkische Südküste
Türkische Westküste
Zákinthos/Itháki/
  Kefalloniá/Léfkas
Zypern

NORDAMERIKA

Alaska
Chicago und
  die Großen Seen
Florida
Hawai'i
Kalifornien
Kanada
Kanada Ost
Kanada West
Las Vegas
Los Angeles
New York
San Francisco
USA
USA Ost
USA Südstaaten/
  New Orleans
USA Südwest
USA West
Washington D.C.

MITTEL- UND SÜDAMERIKA

Argentinien
Brasilien
Chile
Costa Rica
Dominikanische
  Republik

Jamaika
Karibik/
  Große Antillen
Karibik/
  Kleine Antillen
Kuba
Mexiko
Peru/Bolivien
Venezuela
Yucatán

AFRIKA UND VORDERER ORIENT

Ägypten
Djerba/
  Südtunesien
Dubai
Israel
Jordanien
Kapstadt/
  Wine Lands/
  Garden Route
Kapverdische
  Inseln
Kenia
Marokko
Namibia
Rotes Meer/Sinai
Südafrika
Tansania/
  Sansibar
Tunesien
Vereinigte
  Arabische
  Emirate

ASIEN

Bali/Lombok/Gilis
Bangkok
China
Hongkong/Macau
Indien
Indien/Der Süden
Japan
Kambodscha
Ko Samui/
  Ko Phangan
Krabi/Ko Phi Phi/
  Ko Lanta
Malaysia
Nepal
Peking
Philippinen
Phuket
Shanghai
Singapur
Sri Lanka
Thailand
Tokio
Vietnam

INDISCHER OZEAN UND PAZIFIK

Australien
Malediven
Mauritius
Neuseeland
Seychellen

In diesem Register sind alle im Reiseführer erwähnten Sehenswürdigkeiten und Ausflugsziele aufgeführt, dazu die wichtigsten Straßen und Plätze. Gefettete Seitenzahlen verweisen auf den Haupteintrag.

Acropolis 13, **33**, 76, 127
Allée des Etoiles 102
Allianz Riviera Arena 75
Annot 23
Antibes 13, 17, 33, 43, **92**, 116, 119, 123, 124
Arénas 45
Arènes et Parc de Cimiez 40
Avenue Jean Médecin 15, 25, 36, 62, 63, 126
Beaulieu-sur-Mer 39, 51
Beausoleil 115
Bellet 18, **50**
Bibliothèque Louis Nucéra 34
Biot 33
Blue Beach 43
Boulevard de Cimiez 41
Boulevard Mont Boron 37
Cagnes-sur-Mer 33, 108
Cannes 13, 33, 89, **100**, 118, 119, 123, 124
Cap d'Ail 112
Cap d'Antibes 90, **94**, 98, 99
Cap Ferrat 39, **47**, 91, 123
Carlton 89, **106**
Cascade de Gairaut 48
Casino de Monte Carlo 109
Casino Le Ruhl 75, 126
Casino Palais de la Méditerranée 75
Castel Beach 43
Cathédrale de Monaco 110, 111
Cathédrale Orthodoxe Russe Saint-Nicolas 44
Cathédrale Sainte-Réparate 29
Centre National d'Art Contemporain 46
Centre Universitaire Méditerranéen (CUM) 87
Chapelle de la Miséricorde 29
Chapelle Rosaire 48
Chapelle St-Pierre 51
Château de Bellet 50
Château de Crémat 50
Château de l'Anglais 38
Chemin des Contrebandiers 94
Cimetière Russe de Caucade 45
Cimiez 13, 27, **40**, 58, 84, 118, 125
Club Nautique de Nice 38

Collection de Voitures Anciennes 110
Collet de Bovis 50
Colline du Château 13, 20, 21, 24, **89**, 117, 125
Cours Saleya 11, 24, 26, 28, **30**, 54, 62, 63, 68, **69**
Croisette **101**, 103, 104, 105, 106
Digne-les-Bains 23, 122
Domaine de la Source 50
Eglise et Monastère Notre-Dame-de-Cimiez 42
Flughafen Nice-Côte d'Azur 122
Fondation Maeght 49
Fontvieille 108, 112, 113, 115
Fort Carré 94
Friedrich-Nietzsche-Terrasse 24, 90
Gourdon 98
Grasse 68, 122
Île St-Honorat 107
Île Ste-Marguerite 107
Îles de Lérins 103, **107**, 114, 123
Jardin Albert 1er 22, **33**, 119, 125
Jardin botanique de la Villa Thuret 96
Jardin du Monastère 42
Jardin Exotique 111
Jardin Félix Raynaud 40
Jardin Japonais 111
Juan-les-Pins 43, 98, 99, 119
Katholischer Friedhof 90
La Condamine 113
Le Suquet 102
Maison de Ben 49
Malmaison **102**, 106
MAMAC 25, **34**, 49
Marché aux Puces 91
Marché Forville 103, **104**
Marché Provençal 92, 93, **97**
Marineland 116
Monaco 13, 33, 78, **108**, 118, 119, 123, 124
Mont Alban 38, 90
Mont Boron 27, 40, 84, 90, 125
Monte Carlo 108, 117, 118, 119
Monument aux Morts 91
Moulin Alziari **50**, 65

Musée d'Art Moderne et d'Art Contemporain (MAMAC) 25, **34**, 49
Musée de la Castre 103
Musée de la Musique 31
Musée des Arts Asiatiques 45
Musée des Beaux-Arts 46
Musée et Site Archéologique de Nice-Cimiez 42
Musée Franciscain 43
Musée International d'Art Naïf Anatole Jakovsky 46
Musée Matisse 43
Musée National Message Biblique Marc Chagall 43
Musée Océanographique **111**, 117
Musée Peynet 95
Musée Picasso 95
Négresco 59, 78, **82**, 88
Nicetoile 26, 63, **66**, 75, 126
Notre-Dame du Port 39
Observatoire de Nice 46
Opéra de Nice **30**, 77
Paillon 20
Palais de la Méditerranée 75, 78, **82**, 89
Palais de la Préfecture 31
Palais de l'Agriculture 87
Palais des Festivals et des Congrès **102**, 105, 106
Palais Lascaris 24, 30
Palais Mercedes 87
Palais Princier 111
Palais Régina 44
Parc du Mercantour 12
Parc Forestier du Mont Boron 38
Parc Phoenix 117
Parc Valrose 44
Parc Vigier 40
Peille 12, 19, 20
Place de Île de Beauté 39
Place du Général de Gaulle 69
Place du Palais 24, 26, **32**, 69
Place Garibaldi **34**, 127
Place Masséna 15, 18, 20, 25, 26, 33, **35**, 126
Place Pierre-Gautier 30
Place Rossetti 24, 29, **32**
Place Saint-Augustin 23
Place Saint-François **32**, 69
Plage du Ruhl 43

Plage Lido 89
Pointe Raubà Capéù 89
Pointe Saint-Hospice 47, 91
Port Lympia 37, **39**
Port Vauban 95, **99**
Promenade des Anglais 14, 21, 22, 24, 27, 43, 51, 70, **86**, 125
Promenade des Arts 33
Promenade du Paillon **33**, 55, 119
Rue Alphonse Karr 25, 62
Rue d'Antibes 104
Rue Droite 26, **32**, 62
Rue Masséna 25, 36, 63
Rue Paradis 25, 63, 68
Saint-Jean Cap Ferrat 51, 91
Saint-Paul de Vence 16, 49
Saint-Roman de Bellet 50
Saint-Tropez 123
Sophia Antipolis 13
Stade Louis II. 75
Terra Amata 13
Théâtre de la Photographie et de l'Image 36
Théâtre National de Nice 22, 77
Tour Bellanda 89, 90
Train des Pignes 23
Vence 49
Via Ferrata 12
Villa & Jardins Ephrussi de Rothschild **50**, 91
Villa Arson 46
Villa Grecque Kérylos 51
Villa Masséna 88
Villa Santo Sospir 47
Village Ségurane 91
Villages perchés 19
Villefranche-sur-Mer 38, **51**
Villeneuve-Loubet 99, 116
Westminster **82**, 89

SCHREIBEN SIE UNS!

Egal, was Ihnen Tolles im Urlaub begegnet oder Ihnen auf der Seele brennt, MARCO POLO Redaktion freut sich auf Ihre Infos.
Wir setzen alles dran, Ihnen möglichst aktuelle Informationen mit auf die Reise zu geben. Dennoch schleichen sich manchmal Fehler ein – trotz gründlicher Recherche unserer Autoren/innen. Sie haben sicherlich Verständnis, dass lassen Sie es uns wissen! Ob Lob, Kritik oder Ihr ganz persönlicher Tipp – die der Verlag dafür keine Haftung übernehmen kann.

MARCO POLO Redaktion
MAIRDUMONT
Postfach 31 51
73751 Ostfildern
info@marcopolo.de

IMPRESSUM
Titelbild: Hotel Negresco (Laif/hemis.fr: Moirenc)
Fotos: Architectes: REICHEN et ROBERT et Associés, Jean-Paul GOMIS, BRANTE & VOLLENWEIDER, IN SITU (17 o.); W. Dieterich (2 M. o., 3 M., 6, 8, 18/19, 34, 40, 42, 44, 45, 50, 54, 57, 60 l., 64, 67, 69, 70/71, 72, 74, 77, 80, 83, 94, 97, 100/101, 102, 107, 110, 116, 116/117, 117, 118/119); Huber: Friedel (115), Gräfenhain (118), Radelt (21); © iStockphoto.com: Dragan Trifunovic (16 M.), YarOman (16 o.); J. Kimpfler (1 u.); Laif: Amme (108/109, 120 o.), Gamma (119), Kristensen (Klappe r., 30); Laif/hemis.fr: Moirenc (1 o.); Le Frog Restaurant (17 u.); Orion B&B: Diane Van den Berge (16 u.); T. Stankiewicz (Klappe l., 2 o., 2 M. u., 3 o., 3 u., 4, 5, 7, 9, 10/11, 12/13, 15, 23, 24 l., 25, 26/27, 32, 36, 38/39, 47, 49, 52/53, 58, 60 r., 61, 62/63, 78/79, 85, 86/87, 88, 90, 92/93, 98, 105, 113, 120 u., 121, 134/135)
4., aktualisierte Auflage 2014
© MAIRDUMONT GmbH & Co. KG, Ostfildern
Chefredaktion: Marion Zorn
Autorinnen: Jördis Kimpfler, Muriel Kiefel; Redaktion: Arnd M. Schuppius
Verlagsredaktion: Ann-Katrin Kutzner, Martin Silbermann, Nikolai Michaelis
Prozessmanagement Redaktion: Verena Weinkauf
Bildredaktion: Gabriele Forst; Im Trend: wunder media, München
Kartografie Reiseatlas und Faltkarte: © MAIRDUMONT, Ostfildern
Innengestaltung: milchhof:atelier, Berlin; Titel, S. 1, Titel Faltkarte: factor product münchen
Sprachführer: in Zusammenarbeit mit Ernst Klett Sprachen GmbH, Stuttgart, Redaktion PONS Wörterbücher
Das Werk einschließlich aller seiner Teile ist urheberrechtlich geschützt. Jede urheberrechtsrelevante Verwertung ist ohne Zustimmung des Verlags unzulässig und strafbar. Das gilt insbesondere für Vervielfältigungen, Übersetzungen, Nachahmungen, Mikroverfilmungen und die Einspeicherung und Verarbeitung in elektronischen Systemen.
Printed in China

WEINSCHORLE BESTELLEN

In Frankreich grenzt Weinkultur beinahe an Religion, und so gibt es einen wichtigen Grundsatz: Sie sollten den Gottesnektar nicht mit Wasser vermischen, ihn schon gar nicht so bestellen und eine Weinschorle erst daheim wieder genießen.

KLEINE PARKLÜCKEN WÄHLEN

Für Franzosen hat das Auto nicht den Wert wie für Deutsche. Nutzen Sie daher nicht die besonders engen Parklücken. Auch wenn Sie selbst beim Einparken zentimetergenauen Abstand halten, Ihr Vorder- oder Hintermann sieht das möglicherweise nicht so eng.

BADESCHUHE VERGESSEN

Nizzas Strände sind Steinstrände. Das Wasser ist dadurch zwar klar und blau – aber die Füße müssen leiden. Der Weg vom Handtuch zum Wasser? Mit Badeschlappen kein Problem!

AUTOTÜREN UNVERRIEGELT LASSEN

Wenn Sie an der roten Ampel keinen Besuch bekommen möchten: immer die Autotüren von innen verriegeln! Eine beliebte Falle von Trickdieben ist Taschenstehlen aus stehenden Autos.

MITTAGS SHOPPEN GEHEN

Die Mittagspause ist heilig. Und selbst in einer Großstadt wie Nizza und selbst an einem Samstag, wenn der Tag oft um 12 Uhr erst richtig losgeht, schließen viele Geschäfte mittags ihre Türen. Genauso handhaben es viele Museen. Lehnen Sie sich in der Mittagszeit also einfach zurück, und genießen Sie das Leben!

DEN KREISVERKEHR UNTERSCHÄTZEN

Der zweispurige Kreisverkehr birgt für deutsche Autofahrer Gefahren. Vorsicht vor Autofahrern, die die innere Spur benutzen. Diese fahren oft unvermittelt bei der nächsten Ausfahrt hinaus – und zwar blitzschnell und ohne zu blinken! Da hat es schon so manches Mal gekracht.

SICH AUF ÖFFNUNGSZEITEN VERLASSEN

Viele Restaurants und Geschäfte geben entweder gar keine Öffnungszeiten an oder nehmen es nicht so genau damit. Ist das Wetter schlecht oder keine Kundschaft da, wird durchaus auch mal früher geschlossen.

RECHNUNGEN UNGEPRÜFT BEZAHLEN

Da wird gelegentlich aus einem Glas Wein ein *pichet*, oder ein Pastis, der auf der Karte noch 4 Euro kostete, steht auf einmal mit 5 Euro auf der Rechnung ... Ach ja, und noch etwas – verlangen Sie nie für einen Tisch getrennte Rechnungen. Das ist vollkommen unüblich und stößt auf großes Unverständnis.